**contratos:** características introdutórias e alguns contratos em espécie

# contratos: características introdutórias e alguns contratos em espécie

Andreza Cristina Baggio

Rua Clara Vendramin, 58
Mossunguê . CEP 81200-170
Curitiba . PR . Brasil
Fone: (41) 2106-4170
www.intersaberes.com
editora@intersaberes.com

- Conselho editorial
Dr. Alexandre Coutinho Pagliarini
Dr.ª Elena Godoy
Dr. Neri dos Santos
M.ª Maria Lúcia Prado Sabatella

- Editora-chefe
Lindsay Azambuja

- Gerente editorial
Ariadne Nunes Wenger

- Assistente editorial
Daniela Viroli Pereira Pinto

- Preparação de originais
Letra & Língua Ltda. - ME

- Edição de texto
Caroline Rabelo Gomes
Palavra do Editor

- Projeto gráfico
Raphael Bernadelli

- Capa
Sílvio Gabriel Spannenberg (*design*)
Freedomz/Shutterstock (imagem)

- Diagramação
Estúdio Nótua

- Equipe de *design*
Charles L. da Silva
Sílvio Gabriel Spannenberg

- Iconografia
Regina Claudia Cruz Prestes

---

Dados Internacionais de Catalogação na Publicação (CIP)
(Câmara Brasileira do Livro, SP, Brasil)

Baggio, Andreza Cristina
 Contratos : características introdutórias e alguns contratos em espécie / Andreza Cristina Baggio. -- Curitiba, PR : InterSaberes, 2024.

 Inclui bibliografia
 ISBN 978-85-227-0909-0

 1. Contratos (Direito civil) 2. Contratos – Brasil I. Título.

24-204533                                    CDU-347.44

Índice para catálogo sistemático:
1. Direito contratual   347.44

Cibele Maria Dias – Bibliotecária – CRB-8/9427

1ª edição, 2024.

Foi feito o depósito legal.

Informamos que é de inteira responsabilidade da autora a emissão de conceitos.

Nenhuma parte desta publicação poderá ser reproduzida por qualquer meio ou forma sem a prévia autorização da Editora InterSaberes. A violação dos direitos autorais é crime estabelecido na Lei n. 9.610/1998 e punido pelo art. 184 do Código Penal.

**a**presentação 11

**c**omo aproveitar ao máximo este livro 15

Capítulo 1 Evolução do direito contratual - 19

    1.1 Do modelo romano de contrato ao direito contratual clássico - 22

    1.2 Constitucionalização e a nova teoria contratual - 26

    1.3 Regimes contratuais no direito brasileiro - 30

Capítulo 2 Princípios do direito contratual - 39

    2.1 Direito contratual clássico e o Código Civil Brasileiro de 1916 - 40

    2.2 Direito contratual solidarista contemporâneo - 47

sumário

Capítulo 3 Formação dos contratos - 59

3.1 Elementos dos contratos - 60
3.2 Objeto contratual - 64
3.3 Fases dos contratos - 65
3.4 O momento da formação dos contratos - 75

Capítulo 4 Classificação dos contratos - 87

4.1 Quanto aos efeitos da formação do contrato - 88
4.2 Quanto à existência de prestações ou vantagens pecuniárias - 89
4.3 Quanto à existência de riscos para as partes contratantes - 90
4.4 Quanto à pessoalidade da obrigação a ser cumprida - 93
4.5 Quanto ao tempo de execução - 94
4.6 Quanto às formalidades como requisito de validade do contrato - 96
4.7 Quanto ao modo de formação do contrato - 97
4.8 Quanto à autonomia privada e ao conteúdo do contrato - 98
4.9 Quanto à tipicidade - 99

Capítulo 5 Especificidades: contrato preliminar, evicção, vícios redibitórios, efeitos contratuais com relação a terceiros - 105

5.1 Contrato preliminar - 106
5.2 Evicção - 107
5.3 Vícios redibitórios - 117

5.4 Efeitos contratuais com relação a terceiros - 128

Capítulo 6 Extinção dos contratos - 141

6.1 Pelo cumprimento da obrigação - 142
6.2 Sem cumprimento da obrigação por causas anteriores ou contemporâneas à formação do contrato - 143
6.3 Sem cumprimento da obrigação por causas supervenientes à formação do contrato - 152
6.4 Extinção do contrato pela resilição - 160
6.5 Rescisão do vínculo contratual e extinção por morte dos contratantes - 163
6.6 Exceção de contrato não cumprido - 164

Capítulo 7 Contrato de compra e venda - 171

7.1 Características da compra e venda - 172
7.2 Elementos essenciais da compra e venda - 173
7.3 O preço no contrato de compra e venda - 175
7.4 Responsabilidade pelos riscos da coisa - 176
7.5 Particularidades de alguns contratos de compra e venda - 176
7.6 Pactos adjetos ao contrato de compra e venda - 181

Capítulo 8 Contrato de doação - 193

8.1 Características do contrato de doação - 194
8.2 Doação inoficiosa - 195
8.3 Doação de ascendente a descendente - 196
8.4 Doação universal ou de todos os bens do doador - 196

8.5 Promessa de doação - 197
8.6 Espécies de doação - 198
8.7 Doação entre concubinos - 199
8.8 Extinção da doação - 200

Capítulo 9 **Contrato de locação de bens imóveis - 209**

9.1 Características do contrato de locação de bem imóvel - 212
9.2 Elementos essenciais da locação - 212
9.3 Especificidades do contrato de locação de bens imóveis - 215
9.4 Extinção do contrato de locação - 220

Capítulo 10 **Contrato de prestação de serviços - 229**

10.1 Características do contrato de prestação de serviços - 230
10.2 Prazo do contrato de prestação de serviços - 231
10.3 Especificidades do contrato de prestação de serviços - 232
10.4 Extinção do contrato de prestação de serviços - 234

Capítulo 11  Contratos de empréstimo: mútuo e comodato - 239

    11.1    Contrato de comodato - 240

    11.2    Contrato de mútuo - 243

considerações finais  253

consultando a legislação  257

referências  259

respostas  263

sobre a autora  293

É com grande satisfação que apresentamos o livro intitulado *Contratos: características introdutórias e alguns contratos em espécie*, uma obra jurídica que aborda de modo abrangente e minucioso os aspectos fundamentais do direito contratual, bem como os contratos em espécie. O livro está dividido em capítulos que exploram diversos temas relacionados ao direito contratual, oferecendo uma análise detalhada e sistemática.

No Capítulo 1, discutimos aspectos históricos do direito contratual, desde a evolução do conceito de contrato até a constitucionalização e a nova teoria contratual. Além disso, abordamos os regimes contratuais no direito brasileiro.

Tratamos, no Capítulo 2, dos princípios do direito contratual, destacando a evolução do direito contratual clássico e sua relação com o Código Civil de 1916. São analisados princípios como a autonomia da vontade, a força obrigatória do contrato e a relatividade subjetiva do contrato, bem como os princípios do direito contratual solidarista contemporâneo, como a função social do contrato, a equivalência material e a boa-fé objetiva.

A formação dos contratos é o foco do Capítulo 3, que explora os elementos essenciais dos contratos, como a manifestação de vontade, as partes envolvidas e a capacidade das partes, além do objeto contratual. Detalhamos, também, as fases dos contratos, desde a fase de puntuação até a fase de oblação ou aceitação. Ainda, abordamos a formação dos contratos eletrônicos.

A classificação dos contratos é o tema do Capítulo 4, no qual examinamos diversas categorias de contratos com base em critérios específicos, bem como os efeitos da formação do contrato, a existência de prestações ou vantagens pecuniárias, a existência de riscos para as partes contratantes, a pessoalidade da obrigação, o tempo de execução, as formalidades como requisito de validade, o modo de formação do contrato, a autonomia privada e o conteúdo do contrato e, por fim, a tipicidade.

No Capítulo 5, analisamos as especificidades de alguns tipos de contratos, como contrato preliminar, evicção, vícios redibitórios e estipulação em favor de terceiros. São contemplados aspectos como a responsabilidade pela evicção, o prazo prescricional para a propositura da ação de indenização pela evicção, a garantia legal para vícios redibitórios e os efeitos contratuais em relação a terceiros.

Já no Capítulo 6, discutimos a extinção dos contratos, incluindo o cumprimento da obrigação, a falta de cumprimento por diversas causas, como nulidades absolutas e relativas, cláusulas resolutivas, cláusulas de arrependimento e redibição, assim como a extinção por causas supervenientes, como a resolução do contrato por inadimplemento, a onerosidade excessiva e a resilição. Também abordamos a rescisão do vínculo contratual e a extinção por morte dos contratantes, além da exceção de contrato não cumprido.

Os Capítulos 7 a 11 destinam-se à análise de contratos específicos, como contrato de compra e venda, contrato de doação, contrato de locação de bens imóveis e contrato de prestação de serviços. Cada tipo de contrato é examinado em detalhes, incluindo características, elementos essenciais, particularidades e formas de extinção. Por fim, também enfocamos os contratos de empréstimo, incluindo o mútuo e o comodato, destacando suas características e especificidades.

Nosso objetivo nesta obra é oferecer aos estudiosos do direito contratual um guia completo e abrangente sobre o tema, abordando os aspectos teóricos e práticos desse campo do direito, de modo a fornecer uma base sólida para os leitores compreenderem e aplicarem os princípios e conceitos relacionados aos contratos em geral e aos contratos em espécie.

Esperamos que este livro seja uma ferramenta valiosa para estudantes, acadêmicos e profissionais do direito que desejam aprofundar seus conhecimentos nessa área fundamental do direito civil.

Empregamos nesta obra recursos que visam enriquecer seu aprendizado, facilitar a compreensão dos conteúdos e tornar a leitura mais dinâmica. Conheça a seguir cada uma dessas ferramentas e saiba como estão distribuídas no decorrer deste livro para bem aproveitá-las.

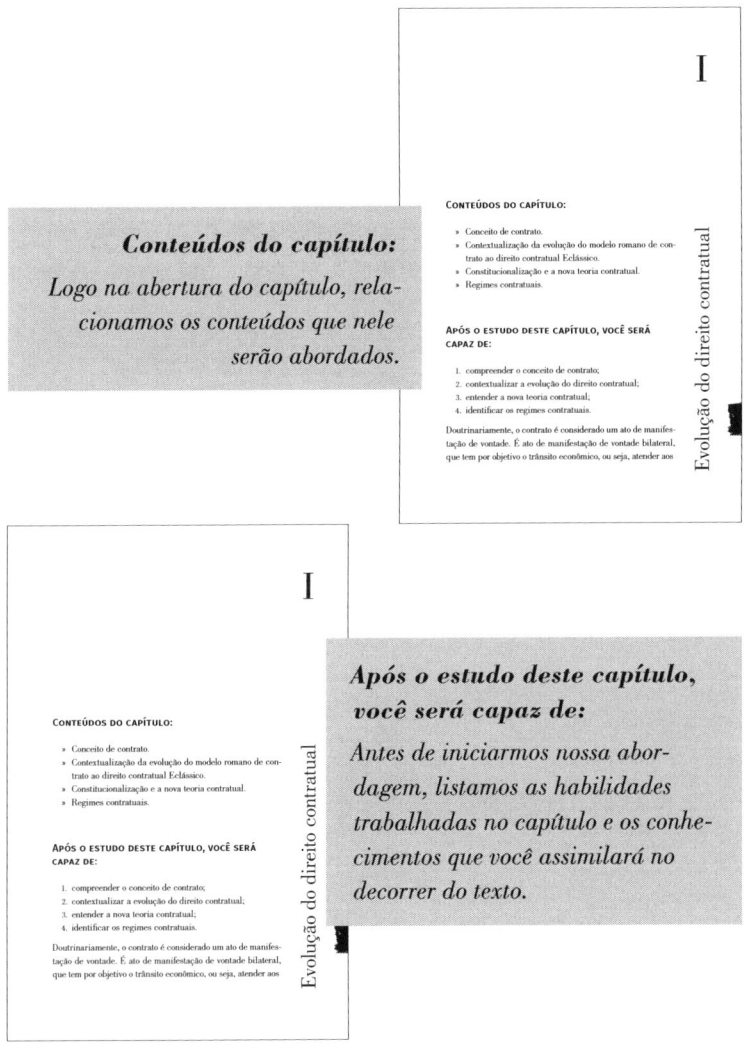

**Conteúdos do capítulo:**
Logo na abertura do capítulo, relacionamos os conteúdos que nele serão abordados.

**Após o estudo deste capítulo, você será capaz de:**
Antes de iniciarmos nossa abordagem, listamos as habilidades trabalhadas no capítulo e os conhecimentos que você assimilará no decorrer do texto.

## como aproveitar ao máximo este livro

mesma relação, como os fornecedores que se organizam em cadeia e em relações extremamente despersonalizadas. Pluralismo também na filosofia aceita atualmente, onde o diálogo é que legitima o consenso, onde os valores e princípios têm sempre uma dupla função, o 'double coding', e onde os valores são muitas vezes antinômicos. Pluralismo nos direitos assegurados, nos direitos à diferença e ao tratamento diferenciado aos privilégios dos 'espaços de excelência' (Jayme, Erik. Identité…, p. 36 e ss). (Marques, 2002, p. 24)

Diante desse contexto, importa esclarecer que esta obra tem por objeto a teoria geral dos contratos prevista no Código Civil. Obviamente que, na medida da necessidade, faremos esse diálogo ora proposto e também trataremos de institutos muito semelhantes entre os dois diplomas legais.

### PARA SABER MAIS

Consulte as obras a seguir indicadas e saiba mais sobre o conceito de contrato:
GAGLIANO, P. S.; PAMPLONA FILHO, R. **Novo curso de direito civil**: contratos. São Paulo: Saraiva, 2018.
VENOSA, S. de S. **Direito civil**: contratos em espécie. São Paulo: Atlas, 2019.

Sobre a contextualização da evolução do modelo romano de contrato ao direito contratual clássico, indicamos a leitura das seguintes obras:
COELHO, F. U. **Curso de direito civil**: contratos. São Paulo: Saraiva, 2019.

## *Para saber mais*
*Sugerimos a leitura de diferentes conteúdos digitais e impressos para que você aprofunde sua aprendizagem e siga buscando conhecimento.*

## *Síntese*
*Ao final de cada capítulo, relacionamos as principais informações nele abordadas a fim de que você avalie as conclusões a que chegou, confirmando-as ou redefinindo-as.*

### SÍNTESE

Neste capítulo, abordamos o direito contratual clássico e sua evolução no contexto do Código Civil brasileiro de 1916 e nos dias atuais. Cabe destacar os seguintes pontos:

» **Requisitos contratuais**: para serem válidos, os contratos devem atender aos requisitos legais, bem como às normas de moral e sociais. Essas normas visam proteger direitos fundamentais e garantir justiça nas relações contratuais.
» **Princípio da autonomia da vontade e autonomia privada**: o contrato é um fenômeno voluntário em que a autonomia da vontade permite a liberdade de contratar e escolher com quem contratar. No entanto, essa autonomia é restrita pela função social do contrato, que visa proteger interesses coletivos.
» **Princípio da força obrigatória do contrato**: o princípio *pacta sunt servanda* significa que o contrato deve ser cumprido. Contudo, esse princípio tem sido relativizado em tempos modernos, com a intervenção do Estado para garantir equilíbrio contratual, especialmente em contratos desiguais.
» **Princípio da relatividade subjetiva do contrato**: esse princípio estabelece que os compromissos contratuais vinculam apenas as partes envolvidas, não gerando direitos ou obrigações para terceiros, a menos que o contrato preveja o contrário.
» **Direito contratual solidarista contemporâneo**: essa abordagem enfatiza a responsabilidade solidária entre as partes de um contrato, especialmente em contratos

### QUESTÕES PARA REVISÃO

1) É correto dizer que o principal objetivo do conceito de contrato no contexto jurídico é:
 a. estabelecer direitos e obrigações entre as partes envolvidas em um acordo.
 b. garantir que um contrato seja sempre favorável a uma das partes.
 c. minimizar a intervenção do Estado nas relações contratuais.
 d. eliminar completamente a necessidade de regulamentação legal dos contratos.

2) Sobre os contratos de consumo, a principal diferença entre estes e os contratos paritários é:
 a. contratos de consumo envolvem apenas empresas, e contratos paritários envolvem consumidores individuais.
 b. contratos de consumo são geralmente mais vantajosos para os consumidores, e contratos paritários são equilibrados entre as partes.
 c. contratos de consumo são regulados pelo Estado, e contratos paritários não têm nenhuma regulamentação.
 d. contratos de consumo são celebrados por consumidores com pouca negociação de termos, e contratos paritários envolvem negociações entre partes igualmente poderosas.

3) Sobre a evolução do direito contratual no Estado social, é correto afirmar:
 a. O contrato no Estado social permaneceu inalterado no decorrer do tempo.

## *Questões para revisão*
*Ao realizar estas atividades, você poderá rever os principais conceitos analisados. Ao final do livro, disponibilizamos as respostas às questões para a verificação de sua aprendizagem.*

## Questões para reflexão

Ao propormos estas questões, pretendemos estimular sua reflexão crítica sobre temas que ampliam a discussão dos conteúdos tratados no capítulo, contemplando ideias e experiências que podem ser compartilhadas com seus pares.

b. O Estado social enfatizou ainda mais a liberdade contratual, reduzindo a intervenção estatal.
c. O Estado social trouxe maior regulamentação e proteção aos consumidores em contratos de consumo.
d. O Estado social eliminou a necessidade de contratos, substituindo-os por regulamentações governamentais rígidas.

4) A Revolução Industrial representou um marco histórico que transformou significativamente a sociedade e a economia. Como essa revolução impactou a evolução do direito contratual? Explique os principais aspectos dessa relação.

5) Explique como a sociedade de massas influenciou a evolução dos contratos de consumo. Quais foram os principais desafios e mudanças nos contratos nesse contexto?

### QUESTÃO PARA REFLEXÃO

1) Discorra sobre a importância do contrato na atividade econômica. Como o contrato se constitui em um elemento essencial para o funcionamento dos mercados e das relações comerciais? Quais são os principais benefícios e desafios associados à utilização de contratos na atividade econômica?

Instruções: Desenvolva uma resposta detalhada, abordando diferentes perspectivas e exemplos relevantes para ilustrar seus argumentos.

## Consultando a legislação

Listamos e comentamos nesta seção os documentos legais que fundamentam a área de conhecimento, o campo profissional ou os temas tratados no capítulo para você consultar a legislação e se atualizar.

BRASIL. Constituição (1988). **Diário Oficial da União**, Brasília, DF, 5 out. 1988. Disponível em: <https://www.planalto.gov.br/ccivil_03/constituicao/constituicao.htm>. Acesso em: 14 set. 2023.

BRASIL. Lei n. 8.078, de 11 de setembro de 1990. **Diário Oficial da União**, Poder Legislativo, Brasília, DF, 12 set. 1990. Disponível em: <https://www.planalto.gov.br/ccivil_03/leis/l8078compilado.htm>. Acesso em: 14 set. 2023.

BRASIL. Lei n. 8.245, de 18 de outubro de 1991. **Diário Oficial da União**, Poder Executivo, Brasília, DF, 21 out. 1991. Disponível em: <https://www.planalto.gov.br/ccivil_03/leis/l8245.htm>. Acesso em: 14 set. 2023.

BRASIL. Lei n. 10.406, de 10 de janeiro de 2002. **Diário Oficial da União**, Poder Legislativo, Brasília, DF, 11 jan. 2002. Disponível em: <http://www.planalto.gov.br/ccivil_03/leis/2002/l10406compilada.htm>. Acesso em: 14 set. 2023.

# I

# Evolução do direito contratual

## CONTEÚDOS DO CAPÍTULO:

» Conceito de contrato.
» Contextualização da evolução do modelo romano de contrato ao direito contratual Eclássico.
» Constitucionalização e a nova teoria contratual.
» Regimes contratuais.

## APÓS O ESTUDO DESTE CAPÍTULO, VOCÊ SERÁ CAPAZ DE:

1. compreender o conceito de contrato;
2. contextualizar a evolução do direito contratual;
3. entender a nova teoria contratual;
4. identificar os regimes contratuais.

Doutrinariamente, o contrato é considerado um ato de manifestação de vontade. É ato de manifestação de vontade bilateral, que tem por objetivo o trânsito econômico, ou seja, atender aos interesses econômicos das partes. Na sociedade de consumo, viver é contratar. Contratamos todos os dias os mais variados produtos e serviços para ter acesso ao que nos é básico para uma sobrevivência digna.

Em obra clássica para o estudo do direito contratual, Enzo Roppo (1988) leciona que o contrato é um conceito jurídico, pois se trata de uma construção do direito elaborada com a finalidade de dotar de linguagem jurídica um termo capaz de resumir várias operações jurídicas complexas. Para o autor, o contrato nada mais é do que a veste jurídica das operações econômicas, o instrumento legal para o exercício de iniciativas econômicas.

Antunes Varela (2012, p. 212) assim conceitua *contrato*: "acordo vinculativo, assente sobre duas ou mais declarações de vontade (oferta ou proposta, de um lado; aceitação, do outro), contrapostas, mas perfeitamente harmonizáveis entre si, que visam estabelecer uma composição unitária de interesses".

Na busca pela melhor concepção sobre o contrato, é imprescindível a lição de Orlando Gomes (2007, p. 4-5):

> Nessa perspectiva, o contrato é uma espécie de negócio jurídico que se distingue, na formação, por exigir a presença pelo menos de duas partes. Contrato é, portanto, negócio jurídico bilateral, ou plurilateral.
>
> Da conexão entre os dois conceitos, o de contrato e o de negócio jurídico, segue-se que o daquele contém todas as características do outro, por ser um conceito derivado. Eis porque as noções comuns a todos os negócios jurídicos, bilaterais ou unilaterais, se estudam na parte geral ou introdutória do Direito Civil, naqueles sistemas, como o nosso, em que os conceitos fundamentais da matéria, a exemplo do Código Civil alemão, são sistematizados em artigos que precedem os livros especiais. Onde o negócio

jurídico (ato jurídico) não é instituto acolhido no Direito Positivo, a cisão não tem cabimento.

Em outras palavras, o termo *contrato* serve para nomear o instrumento jurídico realizador do tráfego jurídico de bens, riquezas e serviços, revelando realidades de interesses econômicos e sociais. A palavra *contrato*, portanto, remete-nos à noção de operação econômica.

Caio Mário da Silva Pereira (2022, p. 6) também afirma o contrato como negócio jurídico que depende da manifestação bilateral de vontade e, por conseguinte, exige o consentimento:

> pressupõe, de outro lado, a conformidade com a ordem legal, sem o que não teria o condão de criar direitos para o agente; e, sendo ato negocial, tem por escopo aqueles objetivos específicos. Com a pacificidade da doutrina, dizemos então que o contrato é um acordo de vontades, na conformidade da lei, e com a finalidade de adquirir, resguardar, transferir, conservar, modificar ou extinguir direitos. Dizendo-o mais sucintamente, e reportando-nos à noção que demos de negócio jurídico, podemos definir contrato como o acordo de vontades com a finalidade de produzir efeitos jurídicos.

O direito contratual, todavia, evoluiu com o passar do tempo. Desde a concepção de contrato do direito romano clássico até os dias atuais, a interpretação, a construção, o conceito e a interpretação do contrato passaram por profundas mudanças.

## 1.1 Do modelo romano de contrato ao direito contratual clássico

A lei romana estruturou o contrato, e todos os romanistas se referiam a ele com base em um acordo de vontades. A confrontação com o direito moderno pode não mostrar, à primeira vista, maior disparidade. Uma aproximação mais próxima e uma investigação mais apurada apontam, porém, para uma diferença sensível, que será articulada na própria noção de ato.

No direito romano, o contrato existia sem um elemento material, uma exteriorização da forma, e as categorias de contratos originalmente eram tidas como contratos às palavras, *re* ou *litteris*. Só mais tarde, com a atribuição de ação a quatro pactos frequentemente utilizados, surgiu a categoria de contratos celebrados de maneira consensual, ou seja, por acordo de vontades.

Segundo Caio Mário da Silva Pereira (2022, p. 26),

> Ao lado do *contractum*, estruturou o Direito Romano outra figura que foi o *pactum*. Este, porém, não permitia a *rem persequendi in iudicio*, não conferia às partes uma ação, mas gerava tão somente *exceptiones*, e, não era dotado de força cogente: "*Igitur nuda pactio obligationem non parit sed parit exceptionem*". Contrato e pacto eram compreendidos na expressão genérica *conventio*. O que os distinguia era a denominação que individuava os contratos (comodato, mútuo, compra e venda), era a exteriorização material da forma (com exceção dos quatro consensuais: compra e venda, locação, mandato e sociedade), e era finalmente a sanção, a *actio* que os acompanhava; ao passo que os *pacta* não tinham nome especial, não revestiam forma predeterminada, e não permitiam à parte a invocação de uma ação. Todos, porém, genericamente batizados de *conventiones*, expressão que revive em Pothier, como gênero, do qual o contrato é uma espécie.

Em rápido recorte histórico, é possível chegar a outro momento da construção do contrato que influenciou os estudos sobre o tema durante boa parte dos séculos XIX e XX.

Em 1804, como resultado das aspirações da burguesia, surgiu na França o Código Napoleônico, o importante Código Civil construído sobre os fundamentos da liberdade, igualdade e fraternidade. A burguesia francesa, ao assumir o poder após a Revolução Francesa, deparou-se com um sério dilema: a desconfiança em relação ao trabalho dos magistrados, todos, até então, diretamente ligados à nobreza.

Assim, inicialmente, criou-se a ideia de que a lei não podia sequer ser interpretada (até 1830); só mais tarde, então, aceitou-se que a interpretação era possível, mas apenas a literal (1830 a 1880). É nesse sistema que se cria o princípio contratual, mais tarde conhecido como *pacta sunt servanda*, de que o contrato faz lei entre as partes (art. 1.331, Código Civil).

A conclusão lógica é, portanto, que a codificação civil francesa é fruto dos interesses da burguesia nascente, que procurou evitar a insegurança jurídica decorrente da ausência de uma lei específica que se aplicasse a todos.

Desse modo, o movimento legislativo resultou de longos embates políticos e culturais que ocorreram durante o século XVIII para formar um direito natural legítimo. Seus defensores criticavam severamente o direito consuetudinário, herança da velhice Média, e opunham-se diretamente às ideias de racionalidade defendidas pelos positivistas.

Diante desse cenário, podemos concluir que os fundamentos do direito contratual clássico, bem como a codificação do direito civil, pautada na autonomia da vontade e na liberdade total das partes contratantes, surgem apenas para satisfazer os ideais econômicos da época. Não se trata de relações contratuais, mas apenas de objetos de propriedade do negócio.

Originalmente, levando-se em conta a codificação civil francesa, a codificação se caracterizava como uma disciplina das relações interpessoais, tendendo a ser universal, eterna, completa – devemos notar que inicialmente o código foi apresentado como uma lei exclusiva, pela qual todas as relações privadas deveriam ser regulamentadas. Ademais, a codificação napoleônica ainda permitia que os juízes declarassem diante de lacunas e ambiguidades legais (art. 4º). O processo de codificação atingiu seu apogeu na Europa com a codificação francesa de 1804 e com a codificação alemã de 1896 e, segundo esses dois diplomas jurídicos, a liberdade contratual significava a não intervenção do Estado na execução das partes e na expressão de sua vontade.

Como observa Roppo (1988, p. 35), "liberdade de contratar e igualdade formal das partes eram, portanto, os pilares – que se completavam reciprocamente – sobre os quais se formava a asserção peremptória, segundo a qual dizer 'contratual' equivale a dizer 'justo' (*qui dit contratuel dit juste*)".

A codificação napoleônica estava longe, pois, de ser um meio para alcançar a justiça distributiva. Era o código dos fortes, e foi justamente nesse ambiente de opressão dos mais fracos e economicamente desfavorecidos que surgiram os fundamentos do direito privado moderno. No Estado liberal, o contrato tornou-se o instrumento por excelência da autonomia da vontade.

Essa realidade, no entanto, encontrou seus limites com a Revolução Industrial e com o surgimento de uma sociedade de consumo de massa. Nesse novo contexto, o liberalismo perdeu suas raízes, tendo sido substituído pelo Estado intervencionista regulador da atividade econômica.

Caio Mário da Silva Pereira (2022, p. 28) traz sobre o tema importantes considerações:

Com o passar do tempo, entretanto, e com o desenvolvimento das atividades sociais, a função do contrato ampliou-se. Generalizou-se. Qualquer indivíduo – sem distinção de classe, de padrão econômico, de grau de instrução – contrata. O mundo moderno é o mundo do contrato. E a vida moderna o é também, e em tão alta escala que, se se fizesse abstração por um momento do fenômeno contratual na civilização de nosso tempo, a consequência seria a estagnação da vida social. O *homo economicus* estancaria as suas atividades. É o contrato que proporciona a subsistência de toda a gente. Sem ele, a vida individual regrediria, a atividade do homem limitar-se-ia aos momentos primários. Mas não é só este o aspecto a considerar. Paralelamente à função econômica, aponta-se no contrato uma outra civilizadora em si, e educativa. Aproxima ele os homens e abate as diferenças. Enquanto o indivíduo admitiu a possibilidade de obter o necessário pela violência, não pôde apurar o senso ético, que somente veio a ganhar maior amplitude quando o contrato o convenceu das excelências de observar normas de comportamento na consecução do desejado. Dois indivíduos que contratam, mesmo que se não estimem, respeitam-se. E enquanto as cláusulas são guardadas, vivem em harmonia satisfatória, ainda que pessoalmente se não conheçam.

Surge, portanto, após o longo período do auge do direito contratual do *pacta sunt servanda*, a concepção social do contrato, por meio de uma corrente solidarista, que passa a ver o contrato como instrumento de inclusão social.

## 1.2 Constitucionalização e a nova teoria contratual

No final do século XIX, os efeitos do liberalismo econômico estavam fortemente enraizados na sociedade. Após a Primeira Guerra Mundial, o desenvolvimento econômico e o crescimento populacional levaram ao entendimento de que os diplomas legais vigentes até então não mais atendiam às necessidades do mercado. Assim, surgiram as chamadas *Constituições dos Estados sociais*, sendo a primeira a Constituição Mexicana de 1917, seguida da Constituição de Weimar de 1919. É o nascimento do Estado social.

O Estado de bem-estar social se revela por meio da intervenção legislativa, administrativa e judicial nas atividades privadas. As Constituições sociais são assim entendidas quando regulam a ordem econômica e social para além do que pretendia o Estado liberal.

A validade das relações privadas passa a ser condicionada à observância dos preceitos constitucionais. O trabalho do jurista, do aplicador da lei, não é mais o de mero repetidor das normas contidas no Código Civil, mas o de verdadeiro intérprete das normas à luz dos fundamentos constitucionais. A adoção do texto constitucional como centro para a interpretação das relações jurídicas tornou o direito civil um ramo do direito regido pelos princípios e normas constitucionais que garantem os direitos humanos fundamentais.

Paulo Lôbo (2012, p. 22) explana sobre o tema:

> O Estado social, inaugurado no Brasil com a Constituição de 1934 e atingindo seu ápice na Constituição de 1988, caracteriza-se, sob o ponto de vista do Direito, além do objetivo declarado de promoção da justiça social, pela

elevação ao plano constitucional dos sistemas de controle dos poderes privados, mediante, principalmente, a inserção da ordem econômica e social, inexistente nas constituições liberais. O contrato e a propriedade são, precisamente, os institutos jurídicos que são afetados diretamente, com tais controles. Mudam-se os focos: a autonomia individual, ao invés de instrumento de limitação do poder estatal, é substituída pela limitação estatal dos poderes econômicos privados, em prol do equilíbrio entre interesses individuais e interesses sociais e da proteção das partes e de sistemas vulneráveis (por exemplo, o consumidor e o meio ambiente). Por outro lado, as garantias e controles constitucionais funcionam como anteparo ou "escudo protetor" da autonomia contratual real, ante o desafio, alimentado pela atual globalização econômica, da aliança planetária entre tecnologia e empresa, que procura suplantar as garantias existentes nos direitos nacionais. Na perspectiva do direito civil, o Estado social seculariza-se, portanto, pela intervenção pública, especialmente legislativa, no âmbito do contrato e da propriedade, mediante a constitucionalização da ordem econômica e social, funcionalizada à realização da justiça social.

O respeito aos valores e princípios fundamentais da República representa o passo essencial para o estabelecimento de uma correta e rigorosa relação entre o poder do Estado e os direitos humanos. As normas constitucionais servem como limitações do direito à interpretação do contato à luz dos princípios clássicos.

Embora o Código Civil não perca sua importância, a validade das relações privadas passa a ser condicionada ao respeito aos preceitos constitucionais, e qualquer norma que contrarie um dispositivo da Constituição Federal não pode produzir efeitos, o que vale também para os contratos.

A respeito da teoria contratual constitucionalizada, vejamos a lição de Sílvio Venosa (2022a, p. 28):

> Nesse diapasão, ao contrário do que inicialmente possa parecer, o contrato, e não mais a propriedade, passa a ser o instrumento fundamental do mundo negocial, da geração de recursos e da propulsão da economia. É certo que se trata de um contrato sob novas roupagens, distante daquele modelo clássico, mas se trata, sem sombra de dúvida, de contrato. Por conseguinte, neste momento histórico, não podemos afirmar que o contrato esteja em crise, estritamente falando, nem que a crise seja do direito privado. A crise situa-se na própria evolução da sociedade, nas transformações sociais que exigem do jurista respostas mais rápidas. O sectarismo do direito das obrigações tradicional é colocado em choque.

Para o autor, o novo direito privado exige do jurista e do juiz soluções prontas e adequadas aos novos desafios da sociedade. Daí a importância da referência ao interesse social no contrato. De fato, qualquer obrigação não cumprida representa uma doença social e não prejudica apenas o credor ou contratante individual, mas toda uma comunidade (Venosa, 2022a).

Ao tratar dessa teoria contratual diferenciada, que tem por objeto a preocupação com a dignidade da pessoa, Flávio Tartuce (2021) lembra que uma das principais novidades em matéria contratual refere-se à autonomia da vontade das partes contratantes. Fala-se cada vez mais sobre a possibilidade de ajustar, sobre a liberdade de revisão e sobre a resolução por onerosidade excessiva. Para Tartuce (2021, p. 28), não se pode falar em extinção do contrato, mas no renascimento de um novo instituto, como uma verdadeira *Fênix* que surge das cinzas e das trevas. Uma importante revolução atingiu os direitos pessoais puros e as relações privadas, devendo tais institutos ser interpretados de acordo com a sistemática lógica do meio social.

Em suma, sou adepto de uma posição otimista na análise do Direito Privado, acreditando na emergência e na efetividade de novos institutos jurídicos, renovando todo o direito, afastando-se dos cientistas que afirmam estar ocorrendo uma verdadeira crise do Direito Privado.

Um contrato justo, na nova visão do direito contratual pós-moderno, é aquele que pode ser cumprido, que não onera indevidamente a parte e que, acima de tudo, guarda a boa-fé e a equidade. Assim, vão emergindo novas técnicas contratuais, conhecidas como *contratos de massa*, em que se utilizam novos princípios contratuais, como a boa-fé e a equidade, sob forte influência do fenômeno da constitucionalização do direito privado já aludido. Os acordos estão se tornando mais do que um meio de construir riqueza – eles estão se constituindo em um verdadeiro meio de justiça social.

Há, então, o interesse de reinterpretar os ordenamentos jurídicos vigentes, com o propósito principal de valorizar o bem humano, abandonando a compreensão simplesmente individualista da norma para dar lugar ao entendimento de que o direito deve buscar constantemente regular a satisfação das necessidades humanas.

Sob esse ponto de vista, a conjectura do direito contratual clássico, contexto em que se valoriza a autonomia da vontade em nome de um modelo econômico liberal, presta-se à proteção estatal dos interesses sociais.

## 1.3 Regimes contratuais no direito brasileiro

Antes de 1991, os contratos eram basicamente divididos em contratos civis, que incluíam a maioria dos contratos entre particulares, com exceção dos contratos de trabalho, e contratos comerciais, relacionados com a atividade comercial.

Desde a entrada em vigor do Código de Defesa do Consumidor, a classificação em direito civil e contrato comercial foi agregada a outro regime de direito contratual privado: o consumidor. Nesse contexto, por exemplo, um contrato de venda pode ser qualificado como contrato comercial, civil ou de consumo, dependendo da natureza da relação estabelecida entre as partes. A diferença entre um e outro leva em consideração a presunção de vulnerabilidade de um contratante em relação ao outro, bem como as partes envolvidas (corporativo, não comercial, consumidor ou fornecedor).

No caso dos contratos de direito civil, parte-se do pressuposto de que existe igualdade entre as partes na formação do negócio jurídico e na determinação das cláusulas estipuladas, com a intervenção do Estado para colmatar o desequilíbrio apenas em determinadas situações, como no caso de lesão, estado de perigo ou carga excessiva.

Por outro lado, nas relações de consumo, o fornecedor e o consumidor estabelecem uma relação jurídica presumivelmente desigual, uma vez que este último não tem compreensão específica sobre o produto ou o serviço que adquiriu. Também é característica fundamental da relação de consumo a imposição ao consumidor pelo fornecedor das cláusulas contratuais, situação que se agrava diante da ausência de informação e de transparência muitas vezes constante nas relações de consumo.

Ao versar sobre os diferentes regimes contratuais vigentes no Brasil, especialmente aqueles que interessam para o estudo dos contratos sob a ótica do direito civil, Paulo Lôbo (2023) esclarece que os contratos regidos exclusivamente pelo Código Civil são os chamados *contratos paritários*, que pressupõem igualdade entre as partes. Trata-se especialmente de contratos entre pessoas físicas, excluindo atividade econômica, e contratos entre empresas, excluindo relações de consumo, nos âmbitos nacional e internacional. Neles prevalece a defesa dos interesses individuais e dos direitos subjetivos das partes.

Já os contratos que envolvem relações de consumo afastam a paridade. Têm uma formação diferente e caracterizam-se pela presunção de desigualdade entre os contratantes, a chamada *vulnerabilidade dos consumidores*, e pela proteção dos interesses transindividuais. Entre os interesses transindividuais está a proteção do meio ambiente e do patrimônio histórico, cultural e turístico, que podem ser afetados pela relação contratual. Esses contratos têm uma base fortemente objetiva, em razão da substancial limitação da vontade individual, revelando a impessoalidade da relação contratual ou a vulnerabilidade das partes contratantes. Neles predominam a proteção dos interesses sociais e a imposição de deveres e responsabilidades, alheios aos direitos e deveres de prestação contratados de modo autônomo.

Para estabelecer a diferença entre os contratos paritários e os contratos de consumo, vejamos primeiramente a lição de Paulo Lôbo (2023, p. 15):

> Os contratos que resultam do exercício de atividade econômica, em conformidade com os arts. 170 e seguintes da Constituição, podem ser paritários ou não paritários, de interesses protegidos ou não protegidos. São paritários

os contratos negociados entre empresas, que não envolvam relação de consumo; são não paritários os contratos de consumo celebrados entre empresa ou fornecedor de produtos e serviços e seus consumidores (pessoas físicas ou outras empresas) e os contratos de adesão celebrados entre empresas, quando uma utiliza condições gerais e a outra adere (por exemplo, franqueadora e suas franqueadas).

A respeito dos contratos de consumo, explica o mesmo autor:

> Não há, a rigor, contratos diferenciados no CDC. Os contratos são os mesmos do direito comum. A nota distintiva é a função que assumem de suporte das relações de consumo, cobrando regime jurídico próprio. São, pois, contratos funcionalmente diferenciados, sem embargo da identidade de sua natureza formal.
>
> A relação contratual de consumo dá-se entre quem exerce atividade profissional organizada, denominado fornecedor, e o eventual adquirente ou usuário dos bens ou serviços que forneça ao público, denominado consumidor. É uma relação que o direito presume desigual e merecedora de tutela, porque faz emergir o efetivo poder negocial das partes. Assim, são partes juridicamente desiguais. No direito brasileiro, a onerosidade é imprescindível para se caracterizar a relação de consumo, ao contrário do direito argentino, cujo Código Civil/2014, art. 1.092, admite que também alcance a aquisição ou utilização de produtos ou serviços "em forma gratuita". (Lôbo, 2023, p. 15)

Segundo Cláudia Lima Marques (2002, p. 213),

> O contrato é instrumento de circulação das riquezas das sociedades, hoje é também instrumento de proteção dos direitos fundamentais do consumidor, realização dos

paradigmas de qualidade, de segurança, de adequação dos serviços e produtos no mercado brasileiro. Estes paradigmas concretizam não só a nova ordem econômica constitucional (art. 170, V, da Constituição Federal), mas também os mandamentos constitucionais de igualdade entre os desiguais (art. 5º da Constituição Federal), de liberdade material das pessoas físicas e jurídicas (art. 5º c/c art. 170, V, da Constituição Federal) e, em especial, da dignidade deste sujeito quanto pessoa humana (art. 1º, III c/c art. 5º XXXII, da Constituição Federal).

Em que pese a diferença entre os dois regimes, muitos contratos de consumo também serão regidos pelo Código Civil, como é o caso do contrato de compra e venda, por exemplo. Há algum tempo se defende um diálogo de fontes entre o Código Civil e o Código de Defesa do Consumidor. Os dois sistemas não são mutuamente exclusivos e muitas vezes se complementam. A tese foi trazida ao Brasil por Cláudia Lima Marques (2002) a partir dos ensinamentos que lhe foram transmitidos por Erik Jayme, professor da Universidade de Heidelberg, na Alemanha:

> Segundo Erik Jayme, as características da cultura pós-moderna no direito seriam o pluralismo, a comunicação, a narração, o que Jayme denomina de 'le retour des sentiments', sendo o Leitmotiv da pós-modernidade a valorização dos direitos humanos. Para Jayme, o direito como parte da cultura dos povos muda com a crise da pós-modernidade. O pluralismo manifesta-se na multiplicidade de fontes legislativas a regular o mesmo fato, com a descodificação ou a implosão dos sistemas genéricos normativos ('Zersplieterung'), manifesta-se no pluralismo de sujeitos a proteger, por vezes difusos, como o grupo de consumidores ou os que se beneficiam da proteção do meio ambiente, na pluralidade de agentes ativos de uma

mesma relação, como os fornecedores que se organizam em cadeia e em relações extremamente despersonalizadas. Pluralismo também na filosofia aceita atualmente, onde o diálogo é que legitima o consenso, onde os valores e princípios têm sempre uma dupla função, o 'double coding', e onde os valores são muitas vezes antinômicos. Pluralismo nos direitos assegurados, nos direitos à diferença e ao tratamento diferenciado aos privilégios dos 'espaços de excelência' (Jayme, Erik. Identité..., p. 36 e ss.). (Marques, 2002, p. 24)

Diante desse contexto, importa esclarecer que esta obra tem por objeto a teoria geral dos contratos prevista no Código Civil. Obviamente que, na medida da necessidade, faremos esse diálogo ora proposto e também trataremos de institutos muito semelhantes entre os dois diplomas legais.

## Para saber mais

Consulte as obras a seguir indicadas e saiba mais sobre o conceito de contrato:

GAGLIANO, P. S.; PAMPLONA FILHO, R. **Novo curso de direito civil**: contratos. São Paulo: Saraiva, 2018.

VENOSA, S. de S. **Direito civil**: contratos em espécie. São Paulo: Atlas, 2019.

Sobre a contextualização da evolução do modelo romano de contrato ao direito contratual clássico, indicamos a leitura das seguintes obras:

COELHO, F. U. **Curso de direito civil**: contratos. São Paulo: Saraiva, 2019.

TARTUCE, F. **Manual de direito civil**: contratos. São Paulo: Método, 2020.

A respeito da constitucionalização e da nova teoria contratual, consulte as obras a seguir:

DINIZ, M. H. **Curso de direito civil brasileiro**: teoria geral das obrigações contratuais. São Paulo: Saraiva, 2019.

SILVA, J. A. da. **Curso de direito constitucional positivo**. São Paulo: Malheiros, 2019.

Sobre os regimes contratuais, indicamos a leitura das obras que seguem:

TEPEDINO, G.; BARBOZA, H. H.; MONTEIRO, W. de B. **Código Civil interpretado conforme a Constituição da República**. São Paulo: Saraiva, 2019.

ROSA, M. de F. F. de S. **Contratos no direito civil contemporâneo**: questões controvertidas. São Paulo: Atlas, 2020.

## SÍNTESE

O contrato é considerado um ato de manifestação de vontade bilateral, visando ao trânsito econômico e atendendo aos interesses econômicos das partes. Na sociedade de consumo, os contratos estão presentes em todas as atividades diárias.

O contrato é definido como um acordo vinculativo entre duas ou mais partes, baseado em declarações de vontade contrapostas e harmonizáveis, com o objetivo de estabelecer uma composição de interesses.

A evolução do direito contratual, desde o modelo romano clássico até os dias atuais, reflete mudanças na interpretação, na construção e no conceito do contrato.

No direito romano, os contratos originalmente eram tidos como contratos às palavras, *re* ou *litteris*, mas posteriormente surgiram contratos consensuais, baseados em acordo de vontades.

Com a Revolução Industrial, o Estado liberal perdeu espaço para o Estado intervencionista regulador da atividade econômica.

A constitucionalização do direito contratual trouxe uma nova teoria contratual, em que os princípios constitucionais desempenham um papel fundamental na interpretação das relações contratuais.

Os contratos no Brasil agora são classificados em contratos paritários, que pressupõem igualdade entre as partes, e contratos de consumo, em que há presunção de desigualdade entre fornecedor e consumidor.

A relação entre o Código Civil e o Código de Defesa do Consumidor envolve um diálogo de fontes, no qual os dois sistemas podem se complementar.

A obra se concentra na teoria geral dos contratos prevista no Código Civil, mas também considera os aspectos relacionados aos contratos de consumo.

Em resumo, abordamos a evolução do contrato e sua adaptação às mudanças na sociedade, destacando a importância da constitucionalização do direito contratual e a diferenciação entre contratos paritários e de consumo no direito brasileiro.

## Questões para revisão

1) É correto dizer que o principal objetivo do conceito de contrato no contexto jurídico é:

   a. estabelecer direitos e obrigações entre as partes envolvidas em um acordo.
   b. garantir que um contrato seja sempre favorável a uma das partes.
   c. minimizar a intervenção do Estado nas relações contratuais.
   d. eliminar completamente a necessidade de regulamentação legal dos contratos.

2) Sobre os contratos de consumo, a principal diferença entre estes e os contratos paritários é:

   a. contratos de consumo envolvem apenas empresas, e contratos paritários envolvem consumidores individuais.
   b. contratos de consumo são geralmente mais vantajosos para os consumidores, e contratos paritários são equilibrados entre as partes.
   c. contratos de consumo são regulados pelo Estado, e contratos paritários não têm nenhuma regulamentação.
   d. contratos de consumo são celebrados por consumidores com pouca negociação de termos, e contratos paritários envolvem negociações entre partes igualmente poderosas.

3) Sobre a evolução do direito contratual no Estado social, é correto afirmar:

   a. O contrato no Estado social permaneceu inalterado no decorrer do tempo.

b. O Estado social enfatizou ainda mais a liberdade contratual, reduzindo a intervenção estatal.

c. O Estado social trouxe maior regulamentação e proteção aos consumidores em contratos de consumo.

d. O Estado social eliminou a necessidade de contratos, substituindo-os por regulamentações governamentais rígidas.

4) A Revolução Industrial representou um marco histórico que transformou significativamente a sociedade e a economia. Como essa revolução impactou a evolução do direito contratual? Explique os principais aspectos dessa relação.

5) Explique como a sociedade de massas influenciou a evolução dos contratos de consumo. Quais foram os principais desafios e mudanças nos contratos nesse contexto?

## Questão para reflexão

1) Discorra sobre a importância do contrato na atividade econômica. Como o contrato se constitui em um elemento essencial para o funcionamento dos mercados e das relações comerciais? Quais são os principais benefícios e desafios associados à utilização de contratos na atividade econômica?

Instruções: Desenvolva uma resposta detalhada, abordando diferentes perspectivas e exemplos relevantes para ilustrar seus argumentos.

# II

## Conteúdos do capítulo:

» Princípios do direito contratual clássico e o Código Civil de 1916.
» Princípios do direito contratual solidarista contemporâneo.

## Após o estudo deste capítulo, você será capaz de:

1. compreender e aplicar os princípios do direito contratual clássico;
2. compreender e aplicar os princípios do direito contratual solidarista contemporâneo.

Princípios do direito contratual

## 2.1 Direito contratual clássico e o Código Civil Brasileiro de 1916

Para serem considerados válidos pelo ordenamento jurídico, os contratos devem observar, além dos requisitos legais, as normas de cunho moral e social. Essas normas são valoradas como inestimáveis, pois visam proteger os direitos fundamentais e garantir a justiça e a equidade nas relações contratuais. Um desses princípios, por exemplo, é o da **proporcionalidade**, que exige que as prestações contratadas sejam proporcionais às contraprestações, evitando desequilíbrios excessivos entre as partes.

Além do princípio da proporcionalidade, outros são fundamentais para assegurar a validade e a eficácia dos contratos e têm o objetivo de proteger os direitos das partes e garantir a justiça e a equidade nas relações contratuais.

Vejamos, a seguir, os princípios oriundos do direito contratual clássico.

### 2.1.1 Autonomia da vontade e autonomia privada

É impossível discutir um contrato sem analisar a relevância da manifestação de vontade. Mesmo quando há limites à liberdade contratual, como na busca da função social do contrato, a expressão da vontade dos contratantes merece respeito. O contrato é um fenômeno voluntário, e essa autonomia da vontade se manifesta na liberdade de contratar e na liberdade de escolher com quem contratar. No entanto, na contratualização pós-moderna, a autonomia da vontade sofreu muitas transformações, notadamente porque na realidade da contratualização coletiva não se pode falar em total liberdade de escolha.

Paulo Nalin (2008) indicou a diferença entre independência de vontade e independência pessoal. A autonomia da vontade é a possibilidade de execução do ato jurídico conferida à pessoa autorizada, ao passo que a autonomia privada é o espaço livre outorgado às partes para determinar o conteúdo desse negócio jurídico. Para Orlando Gomes (2019), a autonomia da vontade, na modernidade, foi suplantada pela autonomia privada, pois a autonomia da vontade representa mais um aspecto psicológico do que o conteúdo do contrato. Assim, é correto dizer que a autonomia privada é restringida pela função social do contrato, mas a autonomia da vontade não.

Nesse sentido, a esfera de liberdade de que dispõe o agente no âmbito do direito privado denomina-se *autonomia*, ou seja, o direito de ser regido por leis próprias. A autonomia da vontade é, portanto, o princípio de direito privado pelo qual o agente tem a possibilidade de praticar um ato jurídico, considerando seu conteúdo, sua forma e seus efeitos. Na mesma direção, Flávio Tartuce (2022, p. 80) explica, a respeito da liberdade de contratar, que

> inicialmente, percebe-se no mundo negocial plena liberdade para a celebração dos pactos e avenças com determinadas pessoas e em certos momentos, sendo o direito à contratação inerente à própria concepção da pessoa humana, um direito existencial da personalidade advindo do princípio da liberdade. Essa é a liberdade de contratar.

Por outro lado, o poder que os indivíduos têm de estabelecer as regras jurídicas é a autonomia privada. A autonomia privada é, pois, o escopo da matéria no direito privado, ou melhor, a área que lhe é reservada para o exercício de suas atividades jurídicas, tornando a pessoa legisladora em seu próprio interesse.

A autonomia da vontade é, sem dúvida, um fator fundamental na relação contratual, justamente porque representa o poder com o qual todo cidadão livre deve participar de certos ajustes para criar, extinguir e modificar direitos. Já a autonomia privada, como esclarece Fernando Noronha (1994, p. 115), "consiste na liberdade das pessoas de regular, por meio de contratos ou mesmo negócios jurídicos unilaterais, quando possível, seus interesses, especialmente na produção e distribuição de bens e serviços".

Há uma tendência moderna de substituir a autonomia da vontade pela autonomia privada, pois a primeira tem caráter filosófico e psicológico e a segunda se verifica na prática no campo do direito das obrigações. É certo, porém, que a autonomia privada deriva da liberdade de contratar, da liberdade de praticar atos jurídicos e de promover a circulação de bens e riquezas, bem como de determinar seu conteúdo.

A autonomia privada é o princípio segundo o qual as partes têm liberdade para estabelecer as condições de um contrato, desde que essas condições não sejam contrárias à lei e aos princípios morais e sociais. Esse princípio é fundamental para o funcionamento do direito contratual, visto que permite que as partes negociem livremente as condições do contrato e que o contrato seja adaptado às suas necessidades e aos seus interesses específicos.

Ademais, a autonomia privada também é importante para o desenvolvimento econômico, pois permite que as partes negociem contratos que possam ser benéficos para ambas as partes e que possam contribuir para o crescimento econômico.

No entanto, vale lembrar que a autonomia privada não é absoluta e que ela deve ser exercida dentro dos limites da lei e dos princípios morais e sociais. Isso significa que as partes não podem estabelecer condições contrárias à lei ou que possam prejudicar terceiros e que os contratos devem ser celebrados com boa-fé e de acordo com os princípios da justiça e da equidade. Importa trazer à baila o que explica Enzo Roppo (2009, p. 74) em sua clássica concepção dobre o direito contratual e a autonomia da vontade:

> Autonomia, etimologicamente, significa o poder de configurar por si mesmo – e não por imposição externa – as regras de sua própria conduta e autonomia privada, ou autonomia contratual, significa a liberdade dos sujeitos de determinar com sua vontade, eventualmente aliada à vontade de uma contraparte no acordo contratual, o conteúdo das obrigações que pretende assumir, as alterações que pretende introduzir no seu capital próprio.

Significa, portanto, que as partes formalizam negócios jurídicos destinados a suscitar transações econômicas para satisfazer os próprios interesses, valendo-se da autonomia privada e da autonomia da vontade.

A autonomia privada pode ser tratada como a evolução da autonomia da vontade, ou uma concepção mais moderna desta. Autonomia da vontade significa a liberdade de estabelecer o conteúdo do contrato. Segundo Fernando Noronha (1994), consiste na liberdade de as pessoas regularem seus interesses por meio dos contratos, em especial quanto à produção e à distribuição de bens. No direito contratual clássico, a autonomia privada era plena. O *pacta sunt servanda* tem na autonomia privada sua força. É o poder jurídico do qual são dotados os particulares para regular, pelo exercício da própria vontade, as relações das quais participam, determinando seu conteúdo.

Atualmente, a autonomia privada encontra limitações, impostas pelo Estado, naquilo que se chama de *dirigismo contratual*. A autonomia privada está limitada pela lei, pela moral, pela ordem pública e, atualmente, pelos interesses sociais que as contratações possam expressar.

Por conta dessa realidade, muito autores chegaram a decretar a morte do direito contratual, a morte do contrato, mas, na verdade, o direito contratual apenas modificou seu foco de proteção, que migrou do patrimônio para o sujeito. Mas quais são essas limitações ao poder de contratar, à autonomia privada? São muitas, como a proteção dos vulneráveis, a proteção da dignidade da pessoa humana e dos valores sociais e, principalmente, a função social do contrato e a boa-fé objetiva.

### 2.1.2 Princípio da força obrigatória do contrato

O princípio do *pacta sunt servanda* se traduz na cogência que deve emanar do contrato. De nada valeria o acordo de vontades se o contrato não obrigasse os contratantes. Na teoria contratual clássica, o que fundamentava a força obrigatória dos contratos era justamente a manifestação da vontade, a autonomia da vontade. Era necessário atribuir segurança jurídica aos contratos e aos contratantes; daí se depreende a força obrigatória.

Atualmente, esse princípio não tem mais caráter absoluto, ou seja, deve ser relativizado. Após a Segunda Guerra Mundial, as leis perderam o caráter de neutralidade e passou a existir a interferência direta do Estado nos contratos, no chamado *dirigismo contratual*. Em tempos de contratos massificados, portanto, o *pacta sunt servanda* ganhou alguns tempero, em função de alguns instrumentos legais criados para a obtenção do equilíbrio contratual, como é o caso das teorias de revisão contratual (imprevisão, quebra da base objetiva etc.).

Decorrente do princípio da autonomia privada, a força obrigatória dos contratos prevê que tem força de lei o estipulado pelas partes na avença, constrangendo os contratantes ao cumprimento do conteúdo completo do negócio jurídico. Esse princípio importa em autêntica restrição da liberdade, que se tornou limitada para aqueles que contrataram a partir do momento em que vieram a formar o contrato consensualmente e dotados de vontade autônoma. Nesse sentido, alguns autores falam em princípio do consensualismo. Entretanto, como a vontade perdeu o papel relevante que detinha, preferimos não utilizar mais esta última expressão (Tartuce, 2021).

Observamos, assim, que, o *pacta sunt servanda* ainda existe e é importante princípio do direito contratual, mas encontra seu abrandamento em leis que objetivam proporcionar equilíbrio contratual em relações naturalmente desequilibradas.

### 2.1.3 Princípio da relatividade subjetiva do contrato

O princípio da relatividade dos efeitos dos contratos está intimamente ligado à efetividade do vínculo contratual. De acordo com esse princípio, os compromissos contratuais vinculam apenas as partes que os assumem, não tendo o poder de criar direitos e obrigações para terceiros. O princípio da eficácia relativa dos contratos é considerado um princípio lógico e indiscutível do direito contratual e não se aplica apenas com relação aos sujeitos, mas afeta também o objeto – portanto, o contrato só produz efeitos no que diz respeito aos bens e sujeitos que caracterizam a prestação.

Ocorre que essa relatividade dos efeitos dos contratos não pode ser interpretada de maneira absoluta. Os direitos e as obrigações criados pelas partes contratantes são limitados a elas, isto é, seu campo de aplicação corresponde apenas às partes. Portanto, em princípio, os contratos são celebrados apenas entre as próprias partes contratuais. Existem situações em que o contratante pode negociar benefícios para terceiros, como é o caso do contrato de seguro.

Vale lembrar que, em seu nascimento, a concepção da relatividade dos efeitos dos contratos como princípio fundamental da teoria geral dos contratos foi adaptada às estruturas contratuais do século XIX e suas ideias individualistas. Atualmente, porém, a intepretação desse princípio merece novos temperos, por força da preocupação solidarista com os efeitos sociais dos contratos.

Assim, como nos lembra Gerson Luiz Branco (2000, p. 99), com o declínio do individualismo surgiram novos princípios contratuais, gerando uma relativização da interpretação do princípio da autonomia da vontade, e o princípio da relatividade dos efeitos dos contratos perdeu sua essência, especialmente por conta do conceito de função social do contrato.

Esses princípios, somados à transformação de todo o direito contratual, fazem com que o intérprete jamais possa analisar uma relação contratual isoladamente, emergindo, portanto, certas obrigações não só para os sujeitos obrigados, mas também para terceiros, violando, assim, a lei de defesa do consumidor, que prevê responsabilidade solidária para todos os fornecedores envolvidos em transações comerciais, incluindo aqueles que não têm contato direto com o consumidor.

## 2.2 Direito contratual solidarista contemporâneo

O direito contratual solidarista é uma abordagem que enfatiza a **responsabilidade solidária** entre as partes de um contrato, em vez de basear-se somente na responsabilidade individual das partes. Isso significa que cada parte é responsável pelo cumprimento das obrigações contratuais, e a falha de uma parte em cumprir suas obrigações pode ser suportada pelas outras partes.

Esse enfoque tem como objetivo garantir a eficácia dos contratos e proteger os interesses das partes, especialmente em contratos complexos ou na presença de desigualdade de poder econômico ou de informação entre as partes. Além disso, o direito contratual solidarista também tem como objetivo promover a justiça e a equidade nas relações contratuais e evitar a exploração de partes vulneráveis.

### 2.2.1 Princípio da função social do contrato

Para ter validade, o contrato deve observar os requisitos legais, mas, acima de tudo, normas superiores de cunho moral e social, que são valoradas pelo ordenamento jurídico como inestimáveis. Nesse aspecto, é relevante o estudo do chamado *princípio da função social do contrato*, previsto no art. 421 do Código Civil, com a seguinte redação: "Art. 421. A liberdade contratual será exercida nos limites da função social do contrato" (Brasil, 2002).

Paulo Nalin (2008) sistematiza a função social do contrato em dois níveis: (i) intrínseco, ou seja, na condição de relação jurídica, o contrato deve observar os ditames da boa-fé entre os contratantes, devendo ser observados os deveres anexos de conduta (informação, assistência, lealdade) e proteção à dignidade da pessoa humana; e (ii) extrínseco, sendo preciso levar em conta os impactos do contrato na coletividade.

Aliás, é possível também observar o princípio da função social do contrato no art. 170* da Constituição Federal de 1988, quando o legislador limita a livre iniciativa à observância de interesses eminentemente coletivos, como a defesa do meio ambiente, a proteção ao consumidor, o respeito aos direitos dos trabalhadores, entre outros. Quanto à função social do contrato, assim explica Flávio Tartuce (2021, p. 87):

> os contratos devem ser interpretados de acordo com a concepção do meio social onde estão inseridos, não trazendo onerosidade excessiva às partes contratantes, garantindo que a igualdade entre elas seja respeitada, mantendo a justiça contratual e equilibrando a relação em que houver a preponderância da situação de um dos contratantes sobre a do outro.

Manifesta-se Paulo Lôbo (2023, p. 28) sobre o princípio em questão:

---

\* "Art. 170. A ordem econômica, fundada na valorização do trabalho humano e na livre iniciativa, tem por fim assegurar a todos existência digna, conforme os ditames da justiça social, observados os seguintes princípios: I – soberania nacional; II – propriedade privada; III – função social da propriedade; IV – livre concorrência; V – defesa do consumidor; VI – defesa do meio ambiente, inclusive mediante tratamento diferenciado conforme o impacto ambiental dos produtos e serviços e de seus processos de elaboração e prestação VII – redução das desigualdades regionais e sociais; VIII – busca do pleno emprego; IX – tratamento favorecido para as empresas de pequeno porte constituídas sob as leis brasileiras e que tenham sua sede e administração no País. Parágrafo único. É assegurado a todos o livre exercício de qualquer atividade econômica, independentemente de autorização de órgãos públicos, salvo nos casos previstos em lei" (Brasil, 1988).

O princípio da função social determina que os interesses individuais das partes do contrato sejam exercidos em conformidade com os interesses sociais, sempre que estes se apresentem. Não pode haver conflito entre eles, pois os interesses sociais são prevalecentes. Qualquer contrato repercute no ambiente social, ao promover peculiar e determinado ordenamento de conduta e ao ampliar o tráfico jurídico. A função exclusivamente individual do contrato, no sentido de contemplar apenas os interesses das partes, é incompatível com a tutela explícita da ordem econômica e social, na Constituição. O art. 170 da Constituição brasileira estabelece que toda a atividade econômica – e o contrato é o instrumento dela – está submetida à primazia da justiça social.

Mas é possível analisar a função social do contrato a partir de correntes diferentes, ou seja, conforme o pensamento econômico ou os ditames da corrente solidarista. A função social pode ser tanto a função econômica do contrato, de circulação de riquezas, quanto a função socializadora, que remete à preocupação do Estado com os ditames da boa-fé contratual.

O contrato só deve produzir efeitos se atender a uma finalidade social. A função social do contrato serve como limite para o exercício da autonomia privada. Trata-se de um princípio jurídico de conteúdo indeterminado, que se compreende na medida em que lhe reconhecemos o precípuo efeito de impor limites à liberdade de contratar. Por óbvio, o Código Civil de 1916 não versava sobre a função social do contrato, tendo em vista sua vocação positivista, liberal, de proteção ao patrimônio. Foi somente após o surgimento dos Estados sociais que a função social do contrato ganhou força.

Todo negócio jurídico encontra sua razão de ser em sua função social; por outro lado, a liberdade negocial deve encontrar justo limite no interesse social. O princípio da função social do contrato implica a especialização, no âmbito das relações empresariais, do princípio constitucional da justiça social. Qualquer atividade econômica, grande ou pequena, que se utilize de contratos para atingir seus fins só poderá ser exercida "segundo os ditames da justiça social", como explicitado no art. 170 da Constituição Federal de 1988.

### 2.2.2 Princípio da equivalência material

Paulo Lôbo (2017) esclarece que o princípio da equivalência material busca alcançar e preservar o real equilíbrio de direitos e deveres no contrato. O que importa não é a exigência cega do cumprimento do contrato, em sua literalidade, mas se sua execução não implica vantagem excessiva para uma das partes.

### 2.2.3 Princípio da boa-fé objetiva

Na cultura romana, boa-fé significava lealdade ao outro contratante e, no direito germânico, referia-se à lealdade e à crença. A boa-fé objetiva no direito contratual brasileiro baseia-se constitucionalmente na solidariedade. É importante destacar a diferença entre boa-fé objetiva e boa-fé subjetiva. A boa-fé subjetiva é a situação psicológica das partes no momento da manifestação da vontade.

O atual Código Civil brasileiro, seguindo essa tendência, adota a dimensão concreta da boa-fé. O Código de Defesa do Consumidor já o fazia em seu art. 4º, inciso III, segundo o qual a "Política Nacional de Relações de Consumo tem por objetivo atender às necessidades dos consumidores [...]" (Brasil, 1990). O Código de Defesa do Consumidor, portanto, antes mesmo que o Código Civil, tratou da boa-fé objetiva como limite ético às relações de consumo e, portanto, a interpretação que se dá à boa-fé objetiva do art. 422 do Código Civil é aquela do Código de Defesa do Consumidor. Vejamos o que afirma Flávio Tartuce (2022, p. 133):

> Quanto a essa confrontação necessária entre o Código Civil e o CDC, preconiza o Enunciado n. 27 CJF/STJ que "na interpretação da cláusula geral da boa-fé objetiva, deve-se levar em conta o sistema do CC e as conexões sistemáticas com outros estatutos normativos e fatores metajurídicos". Um desses estatutos normativos é justamente a Lei 8.078/1990, ou seja, deve ser preservado o tratamento dado à boa-fé objetiva pelo CDC. Além disso, o enunciado também traz como conteúdo a tese do diálogo das fontes, ao mencionar a necessidade de levar em conta a conexão com outras leis.

Assim, o princípio da boa-fé ganhou importância para o direito contratual, pois personificava uma real limitação à autonomia do setor privado e à prática de contratos abusivos. Aparece como corolário da proteção da dignidade humana, como base dos critérios de avaliação do resultado de um contrato, ou seja, se o acordo firmado consegue atender às legítimas expectativas das partes contratantes.

O princípio da boa-fé é também um princípio geral de direito, bem como os princípios de proteção da vida, do pundonor humano e da liberdade. No entanto, no direito contratual contemporâneo, ou melhor, pós-moderno, o princípio da boa-fé também se torna um dos mais importantes.

Boa-fé significa, no sentido dado pela teoria contratual pós-moderna, a atuação ponderada das partes, a consideração e o respeito do outro parceiro contratual, o respeito a suas expectativas, seus interesses legítimos e seus direitos, agindo de boa-fé, sem abuso, sem impedimento, sem causar dano ou desvantagem indevida, com cooperação para alcançar o bom fim das obrigações, o cumprimento do objetivo contratual e a realização dos interesses das partes.

O princípio da boa-fé, assim como os princípios da proteção da vida e da dignidade humana, também é um princípio geral de direito, como mencionamos anteriormente. Hoje, contudo, é muito mais do que um princípio jurídico geral, é também um princípio social do direito contratual. Cabe notar, entretanto, que a conjectura do novo contrato encontra seus fundamentos não apenas na preocupação com os efeitos do contrato na sociedade, seus efeitos sociais, mas também na preocupação com o comportamento das partes, que devem cumprir as regras gerais.

A boa-fé a que se refere a essência da doutrina como princípio geral do direito para iluminar o direito contratual pós-moderno é objetiva, princípio que nada mais é do que o resultado da interpretação das obrigações à luz de ideias como a proteção da vida, da dignidade e das expectativas legítimas das partes contratantes.

O princípio da boa-fé objetiva encontra refúgio no texto constitucional em seu art. 3º, inciso I, que traz expressamente o princípio da solidariedade, uma vez que prevê como um dos objetivos da República do Brasil a construção de uma sociedade livre, justa e solidária.

Assim, muito mais do que um princípio necessário para esclarecer a conduta das partes envolvidas na relação obrigatória, o princípio da boa-fé objetiva é fruto da reinterpretação constitucional do direito civil e, mais ainda, das preocupações do Estado em termos regulação econômica e proteção do consumidor, com a realização da justiça distributiva por meio do conteúdo, utilizando o contrato como instrumento para essa tarefa.

Devemos concluir, portanto, que o princípio da boa vontade objetiva é permeado pelos princípios constitucionais da proteção do pundonor da pessoa humana e da valorização do trabalho, enfim, pelos princípios que regem o ordenamento jurídico brasileiro. Consequentemente, é correto dizer que a solidariedade e o pundonor humano são a boa-fé, assim como a preocupação do texto constitucional em erradicar a pobreza.

Judith Martins-Costa (1999), em importante estudo do princípio da boa-fé, descreve o princípio da boa-fé como fonte criadora dos chamados *deveres anexos de conduta*. Segundo a autora, no art. 422 da codificação civil é introduzida a função integradora, uma vez que, conforme esse dispositivo, faz parte de qualquer relação obrigatória a conduta de boa-fé. Já o art. 187 do Código Civil apresenta o princípio da boa-fé como norte para evitar o abuso de direito, e o art. 113 tem função interpretativa.

Isso significa dizer que o princípio da boa-fé resulta nos deveres anexos de conduta de cooperação, transparência, respeito à confiança, informação e lealdade. De acordo com Flávio Tartuce (2022, p. 134),

> a tese dos deveres anexos, laterais ou secundários foi muito bem explorada, no Brasil, por Clóvis do Couto e Silva, para quem "os deveres secundários comportam tratamento que abranja toda a relação jurídica. Assim, podem ser examinados durante o curso ou o desenvolvimento da relação jurídica, e, em certos casos, posteriormente ao adimplemento da obrigação principal. Consistem em indicações, atos de proteção, como o dever de afastar danos, atos de vigilância, da guarda de cooperação, de assistência.

## Para saber mais

Consulte as obras a seguir indicadas para saber mais sobre os princípios do direito contratual clássico e o Código Civil de 1916:

GAGLIANO, P. S.; PAMPLONA FILHO, R. **Novo curso de direito civil**: contratos. 6. ed. São Paulo: Saraiva, 2023. v. 4.

GONCALVES, C. R. **Direito civil brasileiro**: contratos e atos unilaterais. 20. ed. São Paulo: Saraiva, 2023. v. 3.

GOMES, O. **Contratos**. 28. ed. São Paulo: Grupo GEN, 2022.

FARIAS, C. C. de; ROSENVALD, N. **Curso de direito civil**: contratos. São Paulo: Atlas, 2015.

A respeito dos princípios do direito contratual solidarista contemporâneo, consulte as obras a seguir indicadas:

TEPEDINO, G. **Crise de fontes normativas e técnica legislativa na parte geral do Código Civil de 2002**: a parte geral do novo Código Civil – estudos na perspectiva civil constitucional. Rio de Janeiro: Renovar, 2002.

MARQUES, C. L. **Contratos no Código de Defesa do Consumidor**: o novo regime das relações contratuais. São Paulo: Revista dos Tribunais, 1999.

NEGREIROS, T. **Teoria do contrato**: novos paradigmas. Rio de Janeiro: Renovar, 2002.

SCHREIBER, A. **Equilíbrio contratual e dever de renegociar**. 2. ed. São Paulo: Saraiva Educação, 2020.

SILVA, C. V. do C. **A obrigação como processo**. Rio de Janeiro: FGV, 2006.

PEREIRA, C. M. da S. **Instituições de direito civil**: contratos. 25. ed. São Paulo: Grupo GEN, 2022. v. III.

## Síntese

Neste capítulo, abordamos o direito contratual clássico e sua evolução no contexto do Código Civil brasileiro de 1916 e nos dias atuais. Cabe destacar os seguintes pontos:

» **Requisitos contratuais:** para serem válidos, os contratos devem atender aos requisitos legais, bem como às normas de moral e sociais. Essas normas visam proteger direitos fundamentais e garantir justiça nas relações contratuais.

» **Princípio da autonomia da vontade e autonomia privada:** o contrato é um fenômeno voluntário em que a autonomia da vontade permite a liberdade de contratar e escolher com quem contratar. No entanto, essa autonomia é restrita pela função social do contrato, que visa proteger interesses coletivos.

» **Princípio da força obrigatória do contrato:** o princípio *pacta sunt servanda* significa que o contrato deve ser cumprido. Contudo, esse princípio tem sido relativizado em tempos modernos, com a intervenção do Estado para garantir equilíbrio contratual, especialmente em contratos desiguais.

» **Princípio da relatividade subjetiva do contrato:** esse princípio estabelece que os compromissos contratuais vinculam apenas as partes envolvidas, não gerando direitos ou obrigações para terceiros, a menos que o contrato preveja o contrário.

» **Direito contratual solidarista contemporâneo:** essa abordagem enfatiza a responsabilidade solidária entre as partes de um contrato, especialmente em contratos complexos ou desiguais, visando à justiça e à equidade nas relações contratuais.

» **Princípio da função social do contrato**: o contrato deve cumprir uma função social, observando não apenas os interesses das partes, mas também os impactos na coletividade. Isso implica limitar a liberdade contratual em prol do bem comum.

» **Princípio da equivalência material**: busca garantir o equilíbrio real de direitos e deveres no contrato, evitando vantagens excessivas para uma das partes.

» **Princípio da boa-fé objetiva**: baseia-se na solidariedade e implica agir com lealdade e respeito às expectativas e interesses legítimos das partes contratantes. É um dos princípios mais importantes no direito contratual contemporâneo.

Enfatizamos a evolução do direito contratual, que passou do enfoque na autonomia da vontade para a consideração de princípios como a função social do contrato, a boa-fé objetiva e a solidariedade, com vistas a promover relações contratuais mais justas e equitativas, especialmente em um contexto de contratos complexos e desiguais.

## Questões para revisão

1) Nos termos do Código Civil brasileiro de 1916 e da evolução do direito contratual, assinale a alternativa que corretamente descreve o princípio da autonomia da vontade e suas limitações:

a. O princípio da autonomia da vontade não tem limitações, garantindo total liberdade contratual.

b. A autonomia da vontade permite total liberdade nas relações contratuais, sem qualquer restrição.

c. O princípio da autonomia da vontade é restrito pela função social do contrato, que visa proteger interesses coletivos.

d. A autonomia da vontade se aplica apenas a contratos entre empresas, não a contratos com consumidores.

2) Assinale a alternativa que descreve corretamente a principal função do princípio da função social do contrato:

a. Protege os interesses coletivos e o bem comum.

b. Garante total liberdade nas relações contratuais.

c. Impede a celebração de contratos desiguais.

d. Limita a autonomia da vontade das partes contratantes.

3) A boa-fé objetiva requer das partes contratantes:

a. comportamento egoísta e desleal nas negociações contratuais.

b. ignorar qualquer tipo de negociação contratual.

c. agir unicamente em benefício próprio, sem considerar os interesses da outra parte.

d. ação com lealdade e respeito às expectativas e interesses legítimos das partes.

4) De acordo com o direito contratual contemporâneo, explique o significado do princípio da função social do contrato e a forma como ele afeta a liberdade contratual.

5) No contexto do direito contratual, qual é o papel do princípio da boa-fé objetiva nas relações contratuais contemporâneas?

## Questões para reflexão

1) O texto do capítulo aborda os princípios fundamentais do direito contratual, incluindo a autonomia da vontade e a função social do contrato. Reflita sobre como esses princípios podem coexistir e como a função social do contrato pode ser compatibilizada com a liberdade contratual.

2) O princípio da boa-fé objetiva é crucial no direito contratual contemporâneo. Reflita sobre como a aplicação desse princípio pode influenciar o comportamento das partes contratantes e prevenir litígios contratuais.

3) Sobre o princípio da função social do contrato e sua relevância na proteção dos interesses coletivos, reflita a respeito de como esse princípio pode ser aplicado em contratos do cotidiano, como contratos de locação ou de prestação de serviços.

4) O princípio da equivalência material visa garantir um equilíbrio real de direitos e deveres no contrato. Reflita sobre como esse princípio pode ser aplicado em contratos complexos e como ele contribui para a justiça contratual.

5) O direito contratual solidarista contemporâneo enfatiza a responsabilidade solidária entre as partes de um contrato. Reflita sobre como essa abordagem contribui para a justiça e a equidade nas relações contratuais, especialmente em contratos complexos ou desiguais.

# III

## CONTEÚDOS DO CAPÍTULO:

- » Elementos dos contratos.
- » Fases dos contratos.
- » Momento da formação dos contratos.

## APÓS O ESTUDO DESTE CAPÍTULO, VOCÊ SERÁ CAPAZ DE:

1. identificar os elementos essenciais dos contratos;
2. compreender as fases dos contratos;
3. reconhecer o momento de formação dos contratos.

## Formação dos contratos

## 3.1 Elementos dos contratos

Todo contrato é um negócio jurídico que resulta de uma manifestação bilateral de vontade entre partes para atingir determinada finalidade econômica. Desse conceito é possível destacar os elementos essenciais de um contrato, que são: (a) a manifestação de vontade; (b) as partes; e o (c) objeto da contratação, um bem que seja valorado ou valorável economicamente.

Segundo Orlando Gomes (2019), há distinção entre pressupostos e requisitos do contrato. Para o autor, todo contrato requer a conjunção de elementos extrínsecos e intrínsecos, ou seja, os pressupostos e os requisitos. Dizemos que os pressupostos são as condições para o desenvolvimento do contrato, a saber: (a) capacidade das partes; (b) idoneidade do objeto; e (c) legitimidade para contratar. Tais pressupostos devem estar presentes quando o contrato se forma e, portanto, são denominados *pressupostos extrínsecos*.

A legislação civil, contudo, apresenta os chamados *pressupostos intrínsecos*, considerados por Gomes (2019) como requisitos complementares indispensáveis para a validade da contratação. São eles: (a) o consentimento; (b) a causa; (c) o objeto; e (d) a forma. Conforme o autor,

> Porque os pressupostos e os requisitos se completam, confundem-se, apesar de serem elementos diversos. Por simplificação, diz-se que são requisitos essenciais à validade do negócio jurídico: a capacidade do agente, a possibilidade do objeto e a forma, esta quando prescrita em lei. Sendo o contrato negócio jurídico bilateral, a vontade dos que o realizam requer exame à parte, por ser particularização que precisa ser acentuada. Assim, o acordo das partes adquire importância especial entre os

elementos essenciais dos negócios jurídicos bilaterais. É, de resto, sua força propulsora. (Gomes, 2022, p. 78)

Na sequência, apresentaremos uma breve análise desses pressupostos e requisitos.

### 3.1.1 Manifestação de vontade ou consentimento

Contrato é manifestação de vontade. Não existe contrato sem consentimento, isto é, não será válido o contrato que não for manifestação de vontade. Aliás, podemos afirmar que *manifestação de vontade* e *consentimento* são expressões sinônimas no estudo do direito contratual.

Para Orlando Gomes (2022, p. 42),

> Emprega-se em duas acepções a palavra consentimento, ora como acordo de vontades, para exprimir a formação bilateral do negócio jurídico contratual, ora como sinônimo da declaração de vontade de cada parte do contrato. Admitida nesta última acepção, fala-se em mútuo consentimento, expressão considerada redundante, porque em um dos termos – consentimento – está contida a ideia que o outro – mútuo – exprime. No exame dos elementos constitutivos do contrato, o consentimento apresenta-se como requisito típico, conquanto exigido, igualmente, na formação dos outros negócios jurídicos bilaterais.

Trataremos com mais detalhes do tema a seguir, ao analisarmos como se concretiza a formação do vínculo contratual.

### 3.1.2 Partes e capacidade na relação contratual

Dizemos que as partes formam os polos da relação contratual: polos ativo e passivo, credor e devedor. Considerando que contrato é fonte de obrigações, concluímos que existirão obrigações a serem cumpridas por ambas as partes da relação contratual, ou por apenas uma delas, a depender da classificação do contrato e de seu objeto.

Os polos não se confundem com pessoas, naturais ou jurídicas. Assim como se estuda na teoria geral das obrigações, podem existir pluralidade de credores e pluralidade de devedores – solidariedade ativa e passiva. Podem ser vários os compradores, bem como vários os vendedores.

Da mesma forma, pode existir apenas uma pessoa que esteja envolvida em uma relação contratual. Trata-se da figura do contrato consigo mesmo ou do autocontrato, que não é vedado pelo nosso ordenamento jurídico, apenas limitado em seu alcance.

O autocontrato ocorre por um contrato típico denominado *mandato*. O mandato é a outorga de poderes a um terceiro para que represente o outorgante na realização de um negócio jurídico, que pode ser um contrato. Por exemplo: A outorga poderes a B para vender o imóvel Y. Dá-se o autocontrato quando B, mandatário, vende o imóvel Y para si mesmo. Nessa compra e venda, B figura como vendedor, representando A, e como comprador.

Terceiros também poderão ser atingidos pelos efeitos dos contratos por meio de associações representativas nos denominados *direitos transindividuais*. Trata-se dos contratos coletivos, firmados por órgãos representativos de setores da sociedade. Isso teve início no direito do trabalho, com os sindicatos e as convenções coletivas e os acordos coletivos de trabalho, e hoje se estende às relações de consumo.

O Código Civil também prevê a figura do contrato em favor de terceiro, quando uma parte faz um contrato visando beneficiar um terceiro, no caso uma estipulação em favor de terceiro. O contrato de seguro de vida é um exemplo de estipulação contratual em favor de terceiro. Aliás, o contrato de seguro é um contrato aleatório em que a seguradora assume o risco de arcar com uma indenização decorrente de um evento futuro. No caso do seguro de vida, quando o segurado falecer, uma terceira pessoa, por ele nomeada, será beneficiada com uma indenização.

Com relação à capacidade, importa dizer que todo negócio jurídico, e, portanto, todo contrato, pressupõe agente capaz, ou pessoa apta, por determinação legal, a realizar o contrato. Lembre-se de que o art. 1º do Código Civil assim dispõe: "Toda pessoa é capaz de direitos e deveres na ordem civil" (Brasil, 2002).

A doutrina traz importante distinção entre capacidade e legitimação ou legitimidade para contratar. Sobre o tema, citamos Sílvio Venosa (2022b, p. 97), que explica:

> No entanto, é importante recordar a noção de legitimação nos contratos. Se a capacidade é geral e se aplica a todos os atos da vida civil, nem sempre para certos contratos o agente tem essa capacidade. Assim, se toda pessoa maior e capaz pode comprar e vender, um ascendente não pode vender bens aos descendentes, sem que os outros descendentes o consintam (art. 496), dispositivo que inclui também a aquiescência do cônjuge para a higidez no negócio, nem podem os tutores comprar bens que estejam sob sua administração (art. 497, I). Nesses casos ora sob exemplo, essas pessoas se colocam objetivamente em situações determinadas de incapacidade. Ora, essa incapacidade específica para certo ato constitui falta de legitimação. O agente não tem pertinência subjetiva para a prática desses contratos.

Logo, legitimidade e capacidade para contratar são elementos que caminham juntos.

## 3.2 Objeto contratual

Sobre o objeto do contrato, é preciso inicialmente reforçar que ele deverá ser lícito para ter validade. Para que a contratação seja lícita e válida, é necessário que se faça conforme a moral, a ordem pública e os bons costumes.

O objeto deve ser possível, ou seja, deve estabelecer obrigação que possa ser cumprida, não pode contrariar as leis da natureza ou ir além da capacidade humana. Contudo, como veremos no estudo do contrato de compra e venda, por exemplo, nada impede que o objeto seja coisa futura.

Para produzir efeitos jurídicos, o objeto do contrato deverá ter valor econômico ou, ao menos, estimativa econômica. Portanto, qualquer coisa que possa ser objeto de transação comercial, incluindo bens móveis e imóveis, serviços e direitos, pode ser objeto de um contrato. Isso abrange, mas não se limita a bens tangíveis, como propriedades, veículos e equipamentos, e também bens intangíveis, como direitos autorais, marcas comerciais e contratos de prestação de serviços.

O objeto do contrato pode ser determinado ou, ao menos, determinável, como explica Arnaldo Rizzardo (2022, p. 78):

> O contrato envolverá objeto determinado ou determinável, isto é, que possa ser identificado, localizado, percebido, medido, aferido. Inviável a aquisição de um bem que se confunde com outros, ou se torne impossível a sua descrição e individuação. Nesta linha, a venda de certo número de hectares de terra, ou de animais, ou de outros bens, sendo impossível chegar a uma definição.

Concluímos, portanto, que a patrimonialidade é essencial para a constituição do contrato, pois o direito não pode agir sobre realidades puramente abstratas.

## 3.3 Fases dos contratos

Incialmente, importa ressaltar que não existe contrato sem manifestação de vontade. A manifestação de vontade é requisito de existência do contrato e também é tratada pela doutrina como sinônimo de *consentimento*, que pode ser (a) expresso ou (b) tácito. A manifestação de vontade, ou consentimento, será expressa quando a lei exigir, verbalmente ou por escrito. Já a tácita resulta do silêncio, quando as circunstâncias ou os usos autorizam ou, ainda, quando as partes assim acordam em um pré-contrato.

Fato é que o contrato nasce de um processo complexo, que passa por três fases distintas. Todo contrato, antes de "nascer" e passar a produzir efeitos, segue um *iter*, um caminho, a saber: (a) a fase das tratativas preliminares; (b) a fase da proposta; e (c) a fase da aceitação.

Em todas elas importam o comportamento das partes e a manifestação da vontade de contratar. O contrato se forma quanto uma parte (ofertante) faz uma oferta de uma prestação à outra parte (aceitante) e esta aceita, fundindo-se as duas manifestações de vontades em um acordo que obriga ambas as partes. Anote-se apenas que esta regra não é absoluta, pois não se aplica aos chamados *contratos reais*, que serão estudados adiante.

### 3.3.1 Fase de puntuação

A puntuação é a fase das conhecidas negociações preliminares, a fase de aproximação entre as partes. Ainda não existe vínculo negocial, mas é importante que as partes observem o princípio da boa-fé objetiva, com respeito especial às legítimas expectativas umas em relação às outras. Aqui também ser percebe a importância dos deveres anexos de conduta, como informação e transparência.

A fase de negociações preliminares não se confunde com o contrato preliminar, em que as partes contratam uma obrigação de fazer, ou seja, uma contratação futura. É o momento em que as partes apresentam suas expectativas em relação às obrigações a serem contratadas, sem que disso nasça vínculo contratual.

Embora na fase de negociações preliminares não exista vínculo contratual entre as partes, e, portanto, ainda não existam obrigações, surgem deveres jurídicos que nascem do princípio da boa-fé, e a violação a tais deveres durante essa fase gera a chamada *responsabilidade aquiliana*, ou *extracontratual*, ou *pré-contratual*. A responsabilidade civil pré-contratual é aquela oriunda de ações ou omissões realizadas antes da celebração de um contrato. Ela pode ser decorrente de uma oferta, proposta, negociação ou qualquer outra forma de interação entre as partes antes do contrato.

Existem algumas situações específicas que podem gerar responsabilidade civil pré-contratual, como: (a) indenização por danos morais decorrentes de oferta ou proposta de contrato que, posteriormente, não foi celebrado; (b) indenização por danos morais ou materiais decorrentes de informações inexatas ou enganosas fornecidas antes da celebração do contrato; (c) indenização por danos morais ou materiais decorrentes de uma ruptura de negociação que causou prejuízos a uma das partes. É importante destacar que a responsabilidade civil pré-contratual não é automática, sendo necessário comprovar a existência de uma ação ou omissão ilícita, bem como a relação de causalidade entre essa ação ou omissão e o dano sofrido pela parte prejudicada.

A relação entre a responsabilidade pré-contratual e o princípio da boa-fé é estreita, pois ambos tratam da conduta das partes antes e durante a formação do contrato. O princípio da boa-fé objetiva é um princípio geral do direito civil que se aplica a todos os atos e relações jurídicas, incluindo as relações pré-contratuais. Ele impõe que as partes devem agir de forma leal e honesta, evitando causar prejuízos ao outro. A boa-fé pré-contratual é entendida como a necessidade de as partes agirem de maneira honesta e leal, evitando enganos, dissimulações e omissões de informações relevantes durante as negociações pré-contratuais.

A violação do princípio da boa-fé objetiva pode gerar responsabilidade civil pré-contratual, pois a parte que agiu de modo desonesto pode ser obrigada a indenizar o outro pelos danos causados. Por exemplo, se uma parte oculta informações relevantes durante as negociações pré-contratuais e isso leva a outra parte a celebrar um contrato desvantajoso, a parte que agiu de maneira desonesta pode ser responsabilizada civilmente pelos danos causados.

Em resumo, a boa-fé é um princípio fundamental no direito civil e especialmente importante na fase pré-contratual, visto que é a base para uma negociação justa e equilibrada. A violação desse princípio pode gerar responsabilidade civil para a parte que agiu desonestamente.

Sobre o tema, explica Carlos Roberto Gonçalves (2022, p. 82):

Embora as negociações preliminares não gerem, por si mesmas, obrigações para qualquer dos participantes, elas fazem surgir, entretanto, deveres jurídicos para os contraentes, decorrentes da incidência do princípio da boa-fé, sendo os principais os deveres de lealdade e correção, de informação, de proteção e cuidado e de sigilo. A violação desses deveres durante o transcurso das negociações é que gera a responsabilidade do contraente, tenha sido ou não celebrado o contrato. Essa responsabilidade ocorre, pois, não no campo da culpa contratual, mas da aquiliana, somente no caso de um deles induzir no outro a crença de que o contrato será celebrado, levando-o a despesas ou a não contratar com terceiro etc. e depois recuar, causando-lhe dano. Essa responsabilidade tem, porém, caráter excepcional.

A violação da boa-fé na fase pré-contratual é considerada uma responsabilidade extracontratual. Isso significa que a violação da boa-fé nessa fase não está diretamente relacionada ao contrato em si, mas aos atos prévios à sua celebração. A responsabilidade extracontratual é baseada no dever geral de não causar danos a terceiros e pode envolver questões como danos morais ou materiais.

### 3.3.2 Fase de policitação ou da proposta de contratar

A fase de policitação, também chamada de *fase da proposta* ou *da oferta*, é aquela em que uma das partes apresenta uma declaração de vontade séria e concreta, ainda que verbal, no sentido de realizar o contrato. Temos como exemplo corriqueiro de proposta os orçamentos, em que o proponente envia à outra parte as condições de contratação.

O Código Civil dispõe que o proponente não pode voltar atrás, salvo se isso estiver escrito na proposta ou se ela deixar de ser válida, nos termos do art. 427: "A proposta de contrato obriga o proponente, se o contrário não resultar dos termos dela, da natureza do negócio, ou das circunstâncias do caso" (Brasil, 2002).

Na ausência de uma cláusula específica no contrato, os contratantes são obrigados a se comportarem de maneira honesta e leal, tanto na formação do contrato quanto em sua execução. O referido art. 427 reforça a importância da boa-fé como princípio fundamental no direito contratual e estabelece que a violação dessa boa-fé pode gerar responsabilidade contratual. Além disso, esse dispositivo também pode ser interpretado como uma garantia à segurança jurídica dos contratantes, pois disciplina que a boa-fé é uma obrigação geral do contrato.

O art. 427 do Código Civil privilegia o chamado *princípio da vinculação da oferta*, também regulado no Código de Defesa do Consumidor, arts. 30, 31, 35*. Neste último código,

---

\* "Art. 30. Toda informação ou publicidade, suficientemente precisa, veiculada por qualquer forma ou meio de comunicação com relação a produtos e serviços oferecidos ou apresentados, obriga o fornecedor que a fizer veicular ou dela se utilizar e integra o contrato que vier a ser celebrado. Art. 31. A oferta e apresentação de produtos ou serviços devem assegurar informações corretas, claras, precisas, ostensivas e em língua portuguesa sobre suas características, qualidades, quantidade, composição, preço, garantia, prazos de validade e origem, entre outros dados, bem como sobre os riscos que apresentam à saúde e segurança dos consumidores. Parágrafo único. As informações de que trata este artigo, nos produtos refrigerados oferecidos ao consumidor, serão gravadas de forma indelével. [...] Art. 35. Se o fornecedor de produtos ou serviços recusar cumprimento à oferta, apresentação ou publicidade, o consumidor poderá, alternativamente e à sua livre escolha: I – exigir o cumprimento forçado da obrigação, nos termos da oferta, apresentação ou publicidade; II – aceitar outro produto ou prestação de serviço equivalente; III – rescindir o contrato, com direito à restituição de quantia eventualmente antecipada, monetariamente atualizada, e a perdas e danos" (Brasil, 1990).

o princípio da vinculação da oferta está associado às obrigações das empresas em relação às ofertas que fazem aos consumidores. De acordo com esse código, as empresas são obrigadas a manter as condições de oferta por um período de tempo razoável e não podem modificar essas condições de modo a prejudicar o consumidor. Além disso, as empresas não podem fazer ofertas condicionadas ao pagamento de valores adicionais ou ao cumprimento de outras obrigações por parte do consumidor.

Em resumo, o princípio da vinculação da oferta no Código de Defesa do Consumidor significa que as empresas são responsáveis por manter as condições de suas ofertas e não podem fazer mudanças que prejudiquem o consumidor, além de não poderem exigir pagamento adicional ou outras obrigações para cumprir a oferta.

Tanto o Código Civil quanto o Código de Defesa do Consumidor apresentam a proposta como manifestação de vontade pela qual uma parte (o proponente) se propõe a prestar determinados serviços ou fornecer determinados bens mediante certas condições.

Para que uma proposta seja válida e possa ser aceita, ela deve atender a alguns requisitos: (a) ser feita de maneira clara e precisa, de modo que o destinatário possa compreender exatamente o que está sendo oferecido e as condições do contrato; (b) conter uma descrição detalhada dos serviços ou bens oferecidos, incluindo suas características, qualidades e quantidades; (c) especificar as condições do contrato, incluindo preços, prazos de entrega, garantias, entre outros; (d) identificar claramente o proponente e o destinatário da proposta; (e) não conter cláusulas abusivas ou ilegais; (f) não ser confusa, enganosa ou capaz de causar dúvida ao destinatário.

Carlos Roberto Gonçalves (2022, p. 85) diferencia a proposta das negociações preliminares:

> Representa ela o impulso decisivo para a celebração do contrato, consistindo em uma declaração de vontade definitiva. Distingue-se nesse ponto das negociações preliminares, que não têm esse caráter e não passam de estudos e sondagens, sem força obrigatória. Aquela, ao contrário, cria no aceitante a convicção do contrato em perspectiva, levando-o à realização de projetos e às vezes de despesas e à cessação de alguma atividade. Por isso, vincula o policitante, que responde por todas essas consequências, se injustificadamente retirar-se do negócio.

A proposta deve conter todos os elementos essenciais do negócio proposto, como preço, quantidade, tempo de entrega, forma de pagamento etc. Deve também ser séria e consciente, pois vincula o proponente, assim como deve ser clara, completa e inequívoca. Não perde o caráter vinculativo se for endereçada não a uma pessoa determinada, mas assumir a forma de oferta aberta ao público, como nos casos de mercadorias expostas em vitrines, feiras ou leilões com o preço à mostra, bem como em licitações e tomadas de preços para contratação de serviços e obras.

A obrigatoriedade da proposta consiste no ônus, imposto ao proponente, de mantê-la por certo tempo a partir de sua efetivação e de responder por suas consequências, por acarretar no oblato uma fundada expectativa de realização do negócio. No caso de morte ou interdição do proponente, responderão por ela seus sucessores e o curador do incapaz.

A oferta não obriga o proponente se contiver cláusula expressa a respeito. É quando o próprio proponente declara que não é definitiva e se reserva o direito de retirá-la. Em determinadas situações, o proponente também não se obriga pela própria natureza do negócio, como no caso de propostas abertas ao público que se consideram limitadas ao estoque existente.

Sobre a validade e a obrigatoriedade da proposta, o Código Civil, em seu art. 428, assim dispõe:

> Art. 428. Deixa de ser obrigatória a proposta:
>
> I – se, feita sem prazo a pessoa presente, não foi imediatamente aceita;
>
> II – se, feita sem prazo a pessoa ausente, tiver decorrido tempo suficiente para chegar a resposta ao conhecimento do proponente;
>
> III – se, feita a pessoa ausente, não tiver sido expedida a resposta dentro do prazo dado;
>
> IV – se, antes dela, ou simultaneamente, chegar ao conhecimento da outra parte a retratação do proponente. (Brasil, 2002)

Entre presentes é a proposta em que as partes estão no mesmo ambiente, físico ou eletrônico. Considera-se proposta entre presentes aquela enviada por telefone e pelos meios instantâneos de comunicação eletrônica, como é o caso do conhecido aplicativo de mensagens WhatsApp. Flávio Tartuce (2023, p. 172), ao tratar do tema, explica com exemplar clareza:

> Inicialmente, deve-se entender formado o contrato entre presentes – ou inter praesentes – quando houver uma facilidade de comunicação entre as partes para que a proposta e a aceitação sejam manifestadas em um curto período de tempo. Como não há critérios fixados pela lei, cabe análise caso a caso, particularmente diante dos novos meios de comunicação à distância. Em outro sentido, o contrato será considerado formado entre ausentes – ou

inter absentes – quando não houver tal facilidade de comunicação quanto à relação pergunta-resposta. O exemplo clássico e típico de contrato inter absentes é o contrato epistolar cuja proposta é formulada por carta, via correio.

A diferença entre proposta entre ausentes e entre presentes está relacionada à forma como a proposta é feita e à forma como é aceita, ou seja, a proposta entre ausentes é aquela em que as partes não se encontram fisicamente no momento da proposta e da aceitação. Essa forma de proposta é comum em negociações comerciais, como compras e vendas à distância, por meio de correspondência, *e-mail*, telefone ou outros meios eletrônicos. Nesse caso, a aceitação da proposta é geralmente considerada válida quando o destinatário a comunica ao proponente, independentemente de estarem fisicamente presentes.

Já a proposta entre presentes é aquela em que as partes se encontram fisicamente no momento da proposta e da aceitação. Essa forma de proposta é comum em negociações presenciais, como compras e vendas realizadas em lojas físicas, feiras, leilões, entre outros. Nesse caso, a aceitação da proposta é geralmente considerada válida quando o destinatário aceita a proposta verbalmente ou por meio de gestos, diante do proponente.

Em ambos os casos, é importante que a proposta seja feita de maneira clara e precisa e que seja aceita dentro do prazo estabelecido, para que o contrato seja celebrado.

Importa, assim, a análise da última fase da formação do contrato, que é a fase de aceitação.

### 3.3.3 Fase de oblação ou aceitação

A aceitação, também chamada de *oblação*, é uma das etapas do processo de formação de um contrato. Ela consiste na manifestação de vontade de uma das partes (o proponente) de aderir à proposta feita por outra parte (o promitente). A aceitação deve ser expressa de modo claro e sem reservas e deve ser comunicada de maneira eficaz à outra parte. Uma vez aceita, a proposta se transforma em um contrato válido e legalmente vinculativo. Segundo leciona Paulo Lôbo (2023, p. 36),

> A aceitação é manifestação de vontade, com natureza de negócio jurídico unilateral, que completa o consenso para a conclusão do contrato. A aceitação pode ser expressa, o que supõe emprego de palavras, gestos ou sinais que a exprimam, ou pelo comportamento concludente, ou pelo silêncio. Para que o silêncio seja entendido como manifestação de vontade, é preciso que haja dever de manifestar-se, o que ocorre em situações excepcionais; na dúvida, o silêncio não pode ser entendido como aceitação.

A aceitação é a concordância com os termos propostos. Somente quando o oblato se converte em aceitante, a oferta se transforma em contrato. Se apresentada fora do prazo, com adições, restrições ou modificações, importará nova proposta.

Pode ser expressa ou tácita. A primeira decorre de declaração do aceitante, manifestando sua anuência; a segunda, de sua conduta, reveladora do consentimento. Cabe destacar outras hipóteses de aceitação tácita, em que se reputa concluído o contrato, não chegando a tempo a recusa: (a) quando o negócio for daqueles em que não seja costume a aceitação expressa (práticas anteriores entre as partes, por exemplo); ou (b) quando o proponente a tiver dispensado.

A aceitação deixa de produzir efeitos quando: (a) a aceitação, embora expedida a tempo, por motivos imprevistos, chegar tarde ao conhecimento do proponente – a situação deve ser imediatamente comunicada ao aceitante, sob pena de responder por perdas e danos; ou (b) antes da aceitação, ou com ela, chegar ao proponente a retratação do aceitante.

## 3.4 O momento da formação dos contratos

Na hipótese em que se entende que a contratação é entre presentes, a proposta poderá estipular ou não prazo para aceitação. Se não estabelecer nenhum prazo, a aceitação deverá ser manifestada imediatamente, sob pena de a oferta perder a força vinculativa. Vale reforçar: o momento em que se deve considerar formado o contrato entre presentes é a aceitação. Apenas a partir da aceitação é que se tornam exigíveis as obrigações entre as partes.

Quanto se constitui o chamado *contrato entre ausentes*, há dificuldade para precisar em que momento se deve considerar formado o contrato. A resposta leva algum tempo para chegar ao conhecimento do proponente e passa por diversas fases. O Código Civil trata da aceitação em contratos entre ausentes no art. 434: "Os contratos entre ausentes tornam-se perfeitos desde que a aceitação é expedida, exceto: I – no caso do artigo antecedente; II – se o proponente se houver comprometido a esperar resposta; III – se ela não chegar no prazo convencionado" (Brasil, 2002).

Cabe notar que o Código não deixa clara a questão e é por essa razão que se discute qual teoria adotou o legislador brasileiro sobre o tema. A primeira delas é a chamada *teoria da informação* ou *cognição*, que considera formado o contrato quando a resposta chega ao conhecimento do proponente. A crítica possível a essa corrente é que se deixa ao arbítrio do proponente abrir a correspondência e tomar conhecimento do teor da resposta.

A segunda teoria é a chamada *teoria da declaração* ou *da agnição*, que se subdivide em outras três teorias, a saber: (i) teoria da declaração propriamente dita: o instante da conclusão coincide com o da redação da correspondência epistolar; (ii) teoria da expedição: momento da expedição da resposta, saindo do alcance e controle do oblato – a doutrina afirma que essa é a teoria adotada pelo Código Civil; e (iii) teoria da recepção: o contrato se forma no momento em a resposta é entregue ao destinatário.

Para Arnaldo Rizzardo (2022, p. 59), o legislador brasileiro adotou a teoria da declaração, na modalidade da expedição:

> O Código Civil atual e já o Código Civil de 1916 adotaram a teoria da "agnição" ou "declaração", na modalidade da expedição, o que importa em afirmar que não basta escrever a resposta favorável, mas é preciso remetê-la, circunstância expressa no art. 434, o qual considera perfeitos os contratos por correspondência epistolar, ou telegráfica, desde a expedição da resposta ou aceitação.

Flávio Tartuce (2022, p. 172) opina, contudo, no sentido de que em determinadas situações a teoria adotada é a da recepção:

Entretanto, tal regra comporta exceções, sendo certo que o Código Civil também adota a teoria da agnição, na subteoria da recepção, pela qual o contrato é formado quando a proposta é aceita e recebida pelo proponente (art. 434, incs. I, II e III c/c art. 433 do CC). Essa teoria deve ser aplicada nos seguintes casos: a) se antes da aceitação ou com ela chegar ao proponente a retratação do aceitante; b) se o proponente se houver comprometido a esperar resposta, hipótese em que as partes convencionaram a aplicação da subteoria da recepção; ou c) se a resposta não chegar no prazo convencionado (outra hipótese em que houve convenção entre as partes de aplicação da subteoria da recepção). Por tais comandos legais, é correto afirmar que o Código Civil de 2002 adotou tanto a teoria da expedição quanto a da recepção, sendo a primeira regra e a segunda exceção, de acordo com a própria organização da matéria na legislação privada em vigor.

Por fim, vale observar o que diz a legislação sobre o local em que o contrato é formado, que, nos termos do art. 435, é o local onde é feita a proposta.

### 3.4.1 Formação do contrato eletrônico

Considerando-se a formação do vínculo obrigacional pelo meio eletrônico como uma contratação entre presentes, a proposta será sempre obrigatória se imediatamente aceita, quando, então, será concluída a fase negocial. Porém, caso se entenda tal espécie de surgimento de obrigações como uma contratação entre ausentes, o vínculo contratual será considerado formado quando, após um prazo razoável, a aceitação for expedida, como dispõe o art. 434 do Código Civil.

Observemos, com base na redação do art. 428, que a interpretação que podemos ter (se entre presentes ou se entre ausentes) faz com que a proposta perca ou não sua validade, ou, outras palavras, obrigue ou não o proponente depois de determinado período.

No exame da formação do vínculo jurídico nos contratos eletrônicos, da mesma maneira que para os contratos ditos *tradicionais*, adotamos a teoria da expedição, segundo a qual o vínculo se forma quando a proposta é expedida pelo proponente e este passa a não ter mais controle sobre sua manifestação de vontade.

Felipe Luiz Machado Barros (2004), por sua vez, considera que as propostas feitas por *e-mail* são regidas pela teoria da cognição, ou seja, o contrato estará formalizado quando o proponente tiver conhecimento da resposta do aceitante. Como afirma o autor,

> Achamos ser mais conveniente, no caso da internet, que as propostas realizadas por e-mail sejam regidas pela Teoria da Cognição, pois existe uma forte probabilidade de a aceitação ser extraviada ou não chegar ao seu destino, que é a caixa de correio eletrônico do policitante. Isto ocorre, principalmente, quando são utilizados os famosos serviços de correio eletrônico gratuito [...], cujos provedores movimentam inúmeras contas de e-mail. (Barros, 2004)

Doutrinadores como Flávio Tartuce (2022) e Pablo Stolze Gagliano e Rodolfo Pamplona Filho (2021) criticam o fato de o Código Civil não ter estabelecido regras referentes ao momento de formação dos contratos eletrônicos. Aliás, esses autores sugerem que o legislador deva editar legislação especial para tratar do assunto.

Todavia, o entendimento que nos parece mais adequado é o de que não há norma que impeça a aplicação aos contratos eletrônicos do Código de Defesa do Consumidor, ou mesmo do Código Civil, podendo-se solucionar facilmente o problema do momento da formação do contrato eletrônico com as normas já existentes.

Fato é que existe divergência na doutrina a respeito do tema. Para Flávio Tartuce (2007, p. 151), os contratos eletrônicos, em regra, devem são formados por ausentes da seguinte forma:

> A realização de contratos via e-mail constitui contrato entre ausentes, tendo em vista que, tal como ocorre nas cartas, há uma diferença de tempo entre os contatos das partes. Pode inclusive revelar-se necessário algum tempo para esclarecer eventuais diferenças, já que a forma de comunicação exige o envio de informações que pode demorar, assim como pode demorar a resposta do destinatário, tal como se verifica nas cartas. Com isso, pode transcorrer um tempo maior para se refletir e até mais cuidado ao se realizar a proposta, que estará documentada no texto do e-mail. Estas circunstâncias absolutamente não são sentidas nas negociações entre presentes, em que as partes realizam suas tratativas 'ao vivo', seja por estarem frente a frente no mesmo local, seja por estarem no telefone; nesses casos, as respostas a perguntas podem ser respondidas de pronto e as reflexões e ponderações são feitas imediatamente entre as partes. Entende, assim, que o contrato via e-mail constitui um contrato entre ausentes, tal como ocorre nas cartas.

No mesmo texto, a respeito da controvérsia que aqui se coloca, o autor defende que o contrato formado via internet seria, em regra, entre presentes:

De acordo com o que foi argumentado acima, entendemos que o contrato cuja proposta se deu pela via eletrônica não pode ser considerado inter absentes, mas inter presentes, não sendo aplicadas as duas teorias acima citadas. Isso, pelo que consta do art. 428, I, segunda parte, cujo destaque nos é pertinente: 'Considera-se também presente a pessoa que contrata por telefone ou por meio de comunicação semelhante'. Ora, a Internet convencional é meio semelhante ao telefone, já que a informação é enviada via linha. Aliás, muitas vezes, a Internet convencional é até mais rápida do que o próprio telefone. O que dizer então da Internet 'banda larga', cabos? Trata-se de meio de comunicação mais rápido ainda. Não há como associar o e-mail, portanto, ao contrato epistolar. Logicamente, há uma maior proximidade quanto ao telefone do que à carta, reconhecido seu caráter misto de proposta. Dessa forma, com todo o respeito em relação ao posicionamento em contrário, estamos inclinados a afirmar que, quando a proposta é feita pela via digital, não restam dúvidas que o contrato é formado entre presentes. (Tartuce, 2007, p. 151)

Nesse caso, e para a melhor compreensão do tema abordado, adotamos o entendimento doutrinário apresentado na III Jornada de Direito Civil, nos termos do Enunciado n. 173, *in verbis*: "A formação dos contratos realizados entre pessoas ausentes, por meio eletrônico, completa-se com a recepção da aceitação pelo proponente" (CNJ, 2004a).

Assim, independentemente da teoria adotada para o reconhecimento do momento da formação do contrato, é certo que essa nova figura contratual não dispensa, de modo algum, a existência de manifestação de vontade válida para que se possa considerá-lo apto a produzir efeitos.

## Para saber mais

Para aprofundar o estudo sobre os elementos dos contratos, consulte as seguintes obras:

GAGLIANO, P. S.; PAMPLONA FILHO, R. M. V. **Manual de direito civil**: contratos. São Paulo: Saraiva, 2019.
VENOSA, S. S. **Direito civil**: contratos em espécie. São Paulo: Atlas, 2019.
TARTUCE, F. **Curso de direito civil**: contratos. São Paulo: Método, 2020.

A respeito das fases dos contratos, indicamos a leitura das obras que seguem:

ALMEIDA, G. V. **Contratos**: teoria geral, revisão e resolução. São Paulo: Atlas, 2018.
DINIZ, M. H. **Curso de direito civil brasileiro**: teoria geral das obrigações contratuais e extracontratuais. São Paulo: Saraiva, 2019.
GOMES, O. **Contratos**. Rio de Janeiro: Forense, 2019.

Consulte as obras a seguir para ampliar seus conhecimentos sobre o momento da formação dos contratos:

SILVA, V. A. **Contrato**: formação e efeitos. São Paulo: Revista dos Tribunais, 2017.
PEREIRA, C. H. **Contratos**: teoria geral e formação. São Paulo: Atlas, 2021.
MONTEIRO, W. J. **Curso de direito civil**: contratos. São Paulo: Saraiva, 2019.

## Síntese

Neste capítulo, tratamos dos elementos fundamentais dos contratos, bem como das etapas envolvidas em sua formação. Em resumo, destacamos que um contrato é um acordo jurídico que depende da manifestação de vontade de ambas as partes e envolve três elementos essenciais: manifestação de vontade, partes envolvidas e objeto do contrato.

Também exploramos as fases do processo contratual, começando com as tratativas preliminares, nas quais não há vínculo contratual, mas as partes devem agir com boa-fé e transparência. Em seguida, abordamos a fase da proposta, em que uma das partes faz uma oferta clara e detalhada. A fase de aceitação é a última etapa, na qual uma das partes manifesta sua vontade de aderir à proposta, transformando-a em um contrato válido.

Além disso, discutimos a formação de contratos eletrônicos, observando que a interpretação do momento exato da formação do contrato pode variar, dependendo da teoria adotada (teoria da cognição ou teoria da expedição). Ainda assim, enfatizamos que a manifestação de vontade é essencial, independentemente do meio utilizado para a comunicação.

## Questões para revisão

1) Qual dos elementos a seguir **não** é essencial para a formação de um contrato?

   a. Manifestação de vontade.
   b. Partes envolvidas.
   c. Advogado contratado.
   d. Objeto do contrato.

2) Qual é a última etapa do processo contratual, na qual uma das partes manifesta sua vontade de aderir à proposta, transformando-a em um contrato válido?

   a. Tratativas preliminares.
   b. Fase de proposta.
   c. Fase de aceitação.
   d. Fase de negociação.

3) Em contratos eletrônicos, a interpretação do momento exato da formação do contrato pode variar dependendo de qual teoria?

   a. Teoria da cognição.
   b. Teoria da comunicação.
   c. Teoria da rejeição.
   d. Teoria da retroatividade.

4) A manifestação de vontade, as partes envolvidas e o objeto do contrato são elementos essenciais na formação de contratos. Explique a importância de cada um desses elementos na validade de um contrato, destacando como eles se relacionam e se complementam. Além disso, discuta como a ausência ou inadequação de algum desses elementos pode afetar a validade do contrato.

5) Nas tratativas preliminares do processo contratual, é importante agir com boa-fé e transparência. Explique o propósito de cada fase do processo contratual e como a boa-fé e a transparência se relacionam com essas fases. Esclareça também as implicações jurídicas da falta de boa-fé nas tratativas preliminares.

## Questões para reflexão

1) A interpretação do momento exato da formação de contratos eletrônicos pode variar dependendo da teoria adotada, como a teoria da cognição ou a teoria da expedição. Explique em detalhes essas duas teorias e suas implicações na formação de contratos eletrônicos. Discuta também como a manifestação de vontade se relaciona com essas teorias e qual delas é mais amplamente aceita na jurisprudência.

2) Nas tratativas preliminares, não há vínculo contratual, mas as partes devem agir com boa-fé e transparência. Explique por que agir com boa-fé e transparência é importante nas tratativas preliminares e como esses princípios contribuem para a formação de contratos justos e confiáveis. Discuta também se a falta de boa-fé nas tratativas preliminares pode resultar em consequências legais.

3) A manifestação de vontade é essencial na formação de contratos, independentemente do meio de comunicação utilizado. Explique por que a manifestação de vontade é um elemento crucial na validade de um contrato e como pode ser expressa, tanto em contratos tradicionais quanto em contratos eletrônicos. Discuta também como a falta de manifestação de vontade pode afetar a validade de um contrato.

4) Na fase de aceitação do processo contratual, uma das partes manifesta sua vontade de aderir à proposta, transformando-a em um contrato válido. Explique a importância da fase de aceitação na formação de contratos e como a manifestação de vontade é central nessa etapa. Discuta também se a aceitação pode ser revogada depois de ter sido expressa e quais são as consequências disso.

5) A interpretação do momento exato da formação de contratos eletrônicos pode variar dependendo da teoria adotada, como a teoria da cognição e a teoria da expedição. Analise as vantagens e as desvantagens de cada uma dessas teorias na formação de contratos eletrônicos. Discuta também como a escolha entre essas teorias pode afetar as expectativas das partes envolvidas e a segurança jurídica.

*Contratos: características se introduseguintes órias e alguns contratos em espécie*

# IV

# Classificação dos contratos

## Conteúdos do capítulo:

» Tipos de contratos conforme os efeitos da formação, as vantagens pecuniárias, os riscos, a pessoalidade da obrigação, o tempo de execução, as formalidades, o modo de formação, a autonomia privada, o conteúdo e a tipicidade.

## Após o estudo deste capítulo, você será capaz de:

1. identificar as diversas características dos contratos conforme a classificação doutrinária.

A doutrina classifica as características dos contratos tendo em vista o que dispõe o Código Civil. Tal classificação é importante para compreender as diferenças entre as figuras contratuais, quais institutos da teoria geral dos contratos aplicam-se a cada figura contratual. Essa classificação considera: (a) os efeitos do contrato; (b) a existência de vantagens pecuniárias;

(c) o eventual risco natural da contratação; (d) a pessoalidade; (e) o tempo de execução das obrigações contratadas; (f) a existência de alguma formalidade para que o contrato seja válido; (g) os requisitos para a formação do contrato; e (h) a tipicidade do contrato. Vejamos cada uma dessas categorizações a seguir.

## 4.1 Quanto aos efeitos da formação do contrato

Quanto aos efeitos de sua formação em relação às obrigações das partes, um contrato pode ser unilateral ou bilateral:

» **Unilateral**: a carga obrigacional fica com apenas uma das partes. Ex.: doação, comodato, mútuo.
» **Bilateral**: nascem obrigações para ambos os contratantes. Ex.: compra e venda.

Paulo Lôbo (2023, p. 44), por sua vez, lembra que não se pode confundir o contrato bilateral com o negócio bilateral:

> No contrato unilateral (ex.: doação) não há contraprestação ou correspondência em relação a uma de suas partes; portanto, só há deveres jurídicos e obrigações para uma das partes. Consequentemente, sua interpretação requer seja restritiva, de modo a não agravar a posição do obrigado. A exceção do contrato não cumprido, regulada no art. 476 do CC, não pode ser aplicável ao contrato unilateral, justamente porque falta correspondência de prestações. O contrato unilateral é negócio jurídico bilateral porque depende, para sua conclusão, do acordo de vontades, das declarações das duas partes; assim, no contrato de doação, ainda que não haja contraprestação do donatário – em razão disso é contrato unilateral – são

exigíveis das declarações de vontade do doador e do donatário, pois este não é obrigado a receber a doação.

Alguns contratos são classificados como **bilaterais imperfeitos**, ou seja, contratos que inicialmente são unilaterais, mas podem ensejar obrigações posteriores, como é o caso do contrato de depósito.

Essa classificação é importante porque: (i) não se aplica aos contratos unilaterais a chamada *exceção de contrato não cumprido*, prevista nos arts. 476 e 477 do Código Civil; (ii) a condição resolutiva tácita aplica-se apenas aos contratos bilaterais; (iii) a teoria de vícios redibitórios aplica-se apenas aos contratos bilaterais, nos termos do art. 441 do Código Civil.

## 4.2 Quanto à existência de prestações ou vantagens pecuniárias

O contrato é manifestação bilateral de vontade, em que os contratantes buscam regulamentar uma operação econômica. Contudo, nem sempre ambos os contratantes obtêm vantagem pecuniária com a contratação e, nesse caso, considera-se que um contrato pode ser gratuito ou oneroso.

» **Oneroso**: ambos os contratantes obtêm vantagens pecuniárias como resultado do contrato. É o que acontece em contratos como a locação e a compra e venda.
» **Gratuito**: observa-se vantagem econômica para apenas uma das partes, como é o caso da doação pura.

O Código Civil traz importantes informações acerca dessas espécies de contrato, daí a importância de saber diferenciá-las: (a) em contratos gratuitos, a interpretação é restritiva, nos termos do art. 114; (b) nos contratos benéficos ou gratuitos, o contratante responde por simples culpa pelo inadimplemento da obrigação contratada, conforme o art. 392; (c) o art. 295 dispõe que, na cessão por título oneroso, o cedente, ainda que não se responsabilize, fica responsável em relação ao cessionário pela existência do crédito ao tempo em que lhe cedeu; a mesma responsabilidade lhe cabe nas cessões por título gratuito caso tenha procedido de má-fé; (d) na fraude contra credores, o art. 158 do Código Civil determina: "Os negócios de transmissão gratuita de bens ou remissão de dívida, se os praticar o devedor já insolvente, ou por eles reduzido à insolvência, ainda quando o ignore, poderão ser anulados pelos credores quirografários, como lesivos dos seus direitos" (Brasil, 2002).

## 4.3 Quanto à existência de riscos para as partes contratantes

Há contratos em que um dos contratantes ou ambos assumem o risco por eventual inadimplemento ou não cumprimento de alguma condição contratada. Nesse caso, os contratos classificam-se em comutativos e aleatórios. A preocupação é com a álea do negócio e com a noção de equivalência subjetiva.

Um contrato **comutativo** é um tipo de contrato no qual as partes trocam obrigações recíprocas e equivalentes. Isso significa que cada parte assume uma obrigação em troca de outra obrigação. Essas obrigações podem ser de natureza pecuniária ou não pecuniária, mas devem ser mutuamente determinadas e correspondentes. Exemplos de contratos comutativos incluem compra e venda, troca, locação, empréstimo etc.

Em um contrato de compra e venda, por exemplo, o comprador assume a obrigação de pagar o preço do bem, e o vendedor assume a obrigação de entregar o bem. Essas obrigações são equivalentes e recíprocas, pois o comprador não pagará o preço se o vendedor não entregar o bem, e o vendedor não entregará o bem se o comprador não pagar o preço.

Em contratos comutativos, há equivalência e certeza entre as prestações. Os contratantes sabem com precisão quando da formação do contrato o que vão ganhar e o que vão perder.

Um contrato **aleatório** é um acordo entre duas partes no qual uma delas se compromete a realizar determinada ação, mas o resultado dessa ação é incerto ou dependente de eventos futuros imprevisíveis. As partes, quando da formação do contrato, não têm a certeza da prestação nem de quem vai ganhar ou perder. Um exemplo típico é o contrato de seguro, em que há pagamento dos prêmios e, se ocorrido o sinistro, haverá o pagamento da indenização. Se não ocorrer o sinistro, a seguradora terá toda a vantagem contratual. Se o sinistro ocorrer no início do contrato, com o pagamento de um prêmio, o benefício maior será o do segurado. Ainda quanto ao contrato de seguro, o risco pode ser do montante a ser indenizado ou do momento do pagamento da indenização: seguro de vida – a álea existirá enquanto viver o segurado.

O legislador trata especialmente de situações em que o contrato de compra e venda pode tornar-se aleatório e, portanto, dispõe sobre os contratos acidentalmente aleatórios. O art. 483 do Código Civil prevê: "A compra e venda pode ter por objeto coisa atual ou futura. Neste caso, ficará sem efeito o contrato se esta não vier a existir, salvo se a intenção das partes era de concluir contrato aleatório" (Brasil, 2002).

Em regra, a compra e venda pode ter por objeto coisa existente ou coisa futura. No caso de coisa futura, as partes poderão transformar o contrato em aleatório, ou seja, se normalmente, na compra e venda de bem futuro, o contrato se desfaz caso o bem não venha a existir, em uma compra e venda baseada na álea, mesmo que o bem futuro não venha a existir, uma das partes assumirá o risco financeiro do negócio.

Sobre o assunto, o Código Civil regula os contratos aleatórios nos arts. 458 a 461*.

O art. 458 trata do contrato aleatório de compra e venda classificado como *emptio spei*, aquele em que o risco é sobre a existência da coisa, que é incerta. Por exemplo: no caso de compra de uma pesca, convenciona-se o preço sobre a pesca daquele dia. Se o pescador pescar bastante, o ganho será do comprador; porém, se o pescador não pescar nada, o ganho será do pescador, que, ainda assim, receberá o preço da coisa.

Já o art. 459 trata da compra e venda de quantidade incerta, e o preço independe da quantidade. Por exemplo: compra-se a colheita, e o pagamento do preço é feito sobre a quantidade que vier. Se nada vier, nada se pagará. Nesse caso, temos o chamado *contrato aleatório*.

---

\* "Art. 458. Se o contrato for aleatório, por dizer respeito a coisas ou fatos futuros, cujo risco de não virem a existir um dos contratantes assuma, terá o outro direito de receber integralmente o que lhe foi prometido, desde que de sua parte não tenha havido dolo ou culpa, ainda que nada do avençado venha a existir. Art. 459. Se for aleatório, por serem objeto dele coisas futuras, tomando o adquirente a si o risco de virem a existir em qualquer quantidade, terá também direito o alienante a todo o preço, desde que de sua parte não tiver concorrido culpa, ainda que a coisa venha a existir em quantidade inferior à esperada. Parágrafo único. Mas, se da coisa nada vier a existir, alienação não haverá, e o alienante restituirá o preço recebido. Art. 460. Se for aleatório o contrato, por se referir a coisas existentes, mas expostas a risco, assumido pelo adquirente, terá igualmente direito o alienante a todo o preço, posto que a coisa já não existisse, em parte, ou de todo, no dia do contrato. Art. 461. A alienação aleatória a que se refere o artigo antecedente poderá ser anulada como dolosa pelo prejudicado, se provar que o outro contratante não ignorava a consumação do risco, a que no contrato se considerava exposta a coisa" (Brasil, 2002).

Por sua vez, o art. 460 trata da venda de coisas expostas a risco, como em uma situação de calamidade pública. Se o comprador assumir o risco, a compra e venda passará a ser aleatória e, portanto, se a coisa perecer no dia da entrega, o preço será devido. Nos termos do art. 461, nas hipóteses de venda de coisas expostas a risco, é possível anular o contrato no caso de má-fé ou dolo do comprador, se este sabia que o risco não mais existia, ou do vendedor, se este sabia que a coisa já não mais existia.

Saber se um contrato é aleatório traz importantes consequências práticas: (a) não se aplica o instituto da lesão em contratos aleatórios – a lesão ocorre quando a contratação nasce de uma necessidade premente de uma das partes, e a outra estabelece prestações desproporcionais; como nos contratos aleatórios não há equivalência de prestações, não há que se falar em desproporcionalidade; logo, não há como se alegar lesão; (b) a teoria dos vícios redibitórios aplica-se apenas a contratos comutativos, que implicam a garantia da coisa quanto às suas características no momento da contratação.

## 4.4 Quanto à pessoalidade da obrigação a ser cumprida

Há contratos que são **impessoais**, ou seja, a pessoa do contratante não importa, não guarda relação direta com a prestação. A pessoa do contratante, assim, não é elemento determinante da prestação e, portanto, não é decisiva na formação do contrato.

Já os contratos **pessoais** ou **personalíssimos**, *intuito personae*, são aqueles em que a prestação contratual guarda relação direta com a pessoa de um contratante. Geralmente, ocorrem nas obrigações de fazer, como nos casos de: contratação de um renomado advogado para uma sustentação oral em um tribunal; ou de um pintor famoso para a feitura de um afresco em uma igreja; ou de um compositor para a feitura de uma música para determinada ocasião; ou de um ator para um filme.

Nos contratos pessoais ou personalíssimos, a obrigação é intransmissível, e o contrato não pode ser cedido a terceiros, em razão do vínculo com a pessoa do contratante, o que leva à extinção do contrato pela morte do contratante, ou seja, a obrigação não se transmite aos sucessores. Também é possível, em um contrato que estabelece uma obrigação personalíssima, discutir a nulidade por erro quanto à pessoa e às qualidades essenciais do contrato.

## 4.5 Quanto ao tempo de execução

Nessa classificação, o elemento tempo é imprescindível para definir o cumprimento das prestações contratadas. Há, portanto: (a) contratos de execução imediata; (b) contratos de execução diferida; e (c) contratos de trato sucessivo ou contratos de duração.

Um contrato de **execução imediata** é um tipo de contrato no qual as partes se comprometem a cumprir suas obrigações imediatamente após a celebração do contrato. Isso significa que a entrega da mercadoria ou o pagamento do preço devem ser feitos sem qualquer tipo de atraso ou dilação.

Esses tipos de contratos são também chamados de *contrato à vista*. São comuns na formalização de compra e venda de bens móveis, como veículos e eletrônicos, e imóveis.

É importante ressaltar que a execução imediata não significa necessariamente que as partes devem entregar ou pagar no mesmo momento em que celebram o contrato, e sim que não há nenhum prazo estabelecido para que isso aconteça, e as obrigações devem ser cumpridas o mais breve possível. O contrato se perfaz com uma única prestação, ou seja, sua execução acontece imediatamente após sua conclusão – compra e venda à vista.

Um contrato de **execução diferida** é um tipo de contrato no qual as partes se comprometem a cumprir suas obrigações em uma data futura estabelecida no contrato. Isso significa que a entrega da mercadoria ou o pagamento do preço serão realizados após um período de tempo estabelecido previamente. Esse tipo de contrato é comumente adotado em compras a prazo, empréstimos, financiamentos, aluguel de bens móveis ou imóveis, entre outros.

Cabe destacar que, nesse tipo de contrato, as partes podem estabelecer condições e cláusulas específicas para a execução do contrato, como multas por atrasos, formas de pagamento, se as obrigações são cumulativas ou alternativas, entre outras. Além disso, em alguns casos, é comum a incorporação de garantias, como fiança ou caução, para garantir o cumprimento das obrigações futuras.

Nos contratos de execução diferida, há uma única prestação cujo cumprimento é protraído para outro momento – compra e venda a prazo.

Um contrato de **trato sucessivo** é um tipo de contrato no qual as partes se comprometem a realizar uma série de obrigações ou prestações de forma sucessiva e continuada. Isso significa que uma das partes se compromete a realizar uma ação e, após isso, a outra parte se compromete a realizar outra ação, e assim por diante.

Esse tipo de contrato é comumente utilizado para formalizar prestação de serviços, como contratos de manutenção, fornecimento de energia, serviço de internet, entre outros.

É importante destacar que, nesse tipo de contrato, as partes devem estabelecer de maneira clara e precisa as obrigações e as respectivas datas de cumprimento, bem como as sanções em caso de inadimplemento. Além disso, é comum a incorporação de cláusulas de resolução de conflitos e de revisão dos preços.

Os efeitos contratuais ocorrem a partir de cada prestação nos contratos de trato sucessivo, e o descumprimento de uma prestação não afeta as anteriores. A prescrição corre separadamente para cada prestação; se a prestação é autônoma, a nulidade de uma não contamina a outra. Também não é cabível aos contratos de duração a exceção de contrato não cumprido, porque há a previsão de quem primeiro deva adimplir.

## 4.6 Quanto às formalidades como requisito de validade do contrato

A presente classificação trata da forma do contrato. Sobre o tema, o art. 104 do Código Civil determina: "A validade do negócio jurídico requer: I – agente capaz; II – objeto lícito, possível, determinado ou determinável; III – forma prescrita ou não defesa em lei" (Brasil, 2002).

Pelo dispositivo legal, é possível concluir que há contratos **não solenes**, que têm forma livre, podendo ser verbais ou escritos. Por outro lado, há contratos que são **solenes**, pois o legislador exige uma forma específica para a sua validade. Temos como exemplo de contratos solenes a fiança, a doação e o contrato de penhor.

Ressaltamos que a formalidade no contrato pode assumir a função de requisito de validade ou mesmo a garantir a prova da existência do contrato, como é o caso do contrato de depósito.

## 4.7 Quanto ao modo de formação do contrato

Conforme visto anteriormente, o contrato se forma e passa a produzir seus efeitos com o encontro de vontades entre proponente e oblato. Contudo, há contratos que exigem a entrega do bem objeto da contratação para que passem a surtir seus efeitos.

Um contrato **consensual** é um tipo de contrato que é formado pela simples concordância das partes, sem a necessidade de qualquer tipo de formalidade específica. Isso significa que as partes podem chegar a um acordo e se comprometer a cumprir suas obrigações simplesmente por meio da conversa e do entendimento mútuo.

Esse tipo de contrato é caracterizado pela liberdade das partes para negociar os termos e as condições do contrato, sem a necessidade de intervenção de um terceiro ou de qualquer formalidade específica.

Os contratos consensuais são geralmente contratos de trato sucessivo, executados imediatamente ou com execução diferida, como os contratos de compra e venda, prestação de serviços, aluguel, entre outros.

Um contrato **real** é um tipo de contrato que é formado pela entrega ou tradição de uma coisa ou bem ou pelo cumprimento de uma obrigação. Esse tipo de contrato é caracterizado pela transferência efetiva da propriedade ou posse da coisa ou bem para o comprador ou pelo pagamento efetivo do dinheiro para o vendedor. É importante destacar que, diferentemente dos contratos consensuais, os contratos reais requerem a entrega da coisa ou bem ou o pagamento do preço para serem considerados perfeitos e válidos. A entrega da coisa (objeto mediato) é requisito para a formação do contrato. Comodato, locação e depósito são exemplos de contratos reais.

Enquanto a entrega da coisa não ocorrer, o contrato não existe; há apenas promessa de contratar. Nesses casos, a entrega do bem objeto da contratação não tem o condão apenas de transferir a posse ou a propriedade, mas de esclarecer o momento a partir do qual o contrato produzirá seus efeitos.

## 4.8 Quanto à autonomia privada e ao conteúdo do contrato

Quanto à autonomia para estipular e negociar o conteúdo do contrato, podemos dizer que os contratos podem ser paritários ou de adesão. Contratos **paritários** são aqueles em que se presume igualdade entre as partes, ou seja, em que os contratantes estão nas mesmas condições no que diz respeito à negociação do contrato.

Entretanto, é de se lembrar que a realidade das contratações da pós-modernidade é a realidade dos contratos **de adesão**, aqueles em que uma das partes impõe à outra as condições do contrato, cabendo à parte vulnerável e em situação de fragilidade no contrato apenas aderir ao que lhe é imposto.

O contrato de adesão trata das chamadas *condições gerais de contratação*, que são a regulação contratual predisposta unilateralmente e destinada a se integrar de modo uniforme, compulsório e inalterado a cada contrato de adesão que vier a ser concluído. O Código Civil trata dos contratos de adesão nos arts. 423 e 424:

Art. 423. Quando houver no contrato de adesão cláusulas ambíguas ou contraditórias, dever-se-á adotar a interpretação mais favorável ao aderente.

Art. 424. Nos contratos de adesão, são nulas as cláusulas que estipulem a renúncia antecipada do aderente a direito resultante da natureza do negócio. (Brasil, 2002)

Existe uma real preocupação com os contratos de adesão especialmente quando se trata das cláusulas abusivas, que são aquelas que violam a boa-fé e colocam a parte vulnerável em extrema desvantagem no contrato. Aliás, o contrato de adesão é objeto de preocupação também do Código de Defesa do Consumidor, já que, nas relações de consumo, as contratações de adesão são mais comuns.

## 4.9 Quanto à tipicidade

O Código Civil, em seu art. 425, autoriza a criação de contratos atípicos: "É lícito às partes estipular contratos atípicos, observadas as normas gerais fixadas neste Código" (Brasil, 2002).

Há, portanto, contratos que são típicos e outros são atípicos. **Típicos** são aqueles contratos que têm previsão legal, aqueles regulados pelo direito positivo (compra e venda, locação etc.). **Atípicos** são aqueles não regulados em lei, embora lícitos, pois estão sujeitos às normas gerais dos contratos (hospedagem, *factoring*).

Ainda quando se trata de tipificação contratual, há aqueles contratos chamados de **nominados**, que têm sua regulação e o nome da figura contratual expressos na lei, e os **inominados**, que são os contratos genuinamente atípicos, pois criados pelas partes a fim de satisfazer seus interesses econômicos.

## Para saber mais

Consulte as obras a seguir e saiba mais a respeito do tema abordado neste capítulo:

GONÇALVES, C. R. **Curso de direito civil**: contratos. 20. ed. São Paulo: Saraiva, 2020.

GAGLIANO, P. S.; PAMPLONA FILHO, R. **Contratos no Código Civil de 2002**. 11. ed. São Paulo: Saraiva, 2021.

TARTUCE, F. **Direito das obrigações e contratos**. 15. ed. São Paulo: Método, 2021.

GOMES, O. **Teoria geral dos contratos e contratos em espécie**. 25. ed. Rio de Janeiro: Forense, 2020.

COELHO, F. U. **Contratos empresariais**: teoria geral e espécies. 11. ed. São Paulo: Saraiva, 2018.

FARIAS, C. C. de; ROSENVALD, N. **Curso de direito civil**: contratos. 14. ed. São Paulo: Atlas, 2019. v. 3.

ALVIM, A. **Contratos**: teoria geral e contratos em espécie. 23. ed. São Paulo: Saraiva, 2017.

## Síntese

Neste capítulo, abordamos a classificação dos contratos com base no Código Civil, destacando a importância dessa classificação para compreender as diferenças entre os diversos tipos de contratos. São considerados vários critérios na classificação, incluindo os efeitos do contrato, a existência de vantagens pecuniárias, o risco envolvido, a pessoalidade das obrigações, o tempo de execução, a existência de formalidades, os requisitos para a formação do contrato e a tipicidade do contrato.

Com relação aos efeitos do contrato, os contratos podem ser unilaterais, nos quais as obrigações recaem sobre apenas uma das partes, ou bilaterais, nos quais ambas as partes têm obrigações. Alguns contratos, chamados de *bilaterais imperfeitos*, começam como unilaterais e podem levar a obrigações posteriores.

Quanto à existência de vantagens pecuniárias, os contratos podem ser onerosos, nos quais ambas as partes obtêm vantagens financeiras, ou gratuitos, nos quais apenas uma das partes obtém vantagem econômica.

No que diz respeito ao risco, há contratos comutativos, nos quais as obrigações são equivalentes e previsíveis, e contratos aleatórios, nos quais o resultado é incerto ou depende de eventos futuros imprevisíveis. O Código Civil regula os contratos aleatórios em situações específicas.

A pessoalidade das obrigações é outro critério de classificação. Alguns contratos são impessoais, nos quais a pessoa do contratante não é relevante, enquanto outros são pessoais ou personalíssimos, nos quais a prestação contratual está diretamente relacionada à pessoa de um contratante e não pode ser transferida.

Quanto ao tempo de execução das obrigações, os contratos podem ser de execução imediata, nos quais as obrigações são cumpridas imediatamente após a celebração do contrato, de execução diferida, nos quais as obrigações são cumpridas em data futura, ou de trato sucessivo, nos quais as partes realizam uma série de obrigações de forma sequencial e contínua.

As formalidades também são consideradas na classificação dos contratos. Alguns contratos não têm requisitos formais específicos, enquanto outros são solenes e exigem uma forma específica para serem válidos.

O modo de formação do contrato é outro critério. Alguns contratos são consensuais, formados pela simples concordância das partes, enquanto outros são reais, exigindo a entrega de uma coisa ou bem.

A autonomia das partes na estipulação do conteúdo do contrato é considerada na classificação. Contratos paritários presumem igualdade entre as partes na negociação, ao passo que contratos de adesão envolvem uma parte impondo as condições do contrato à outra.

Por fim, os contratos podem ser típicos, aqueles previstos em lei, ou atípicos, que não são regulados em lei, mas estão sujeitos a normas gerais.

Explicamos cada um desses critérios de classificação e destacamos a importância de compreender essas diferenças para aplicar as regras contratuais adequadamente.

## Questões para revisão

1) Quanto aos efeitos do contrato, qual é a principal diferença entre contratos unilaterais e bilaterais?

   a. Nos contratos unilaterais, ambas as partes têm obrigações e, nos contratos bilaterais, apenas uma das partes tem obrigações.

   b. Nos contratos unilaterais, apenas uma das partes tem obrigações e, nos contratos bilaterais, ambas as partes têm obrigações.

   c. Nos contratos unilaterais, nenhuma das partes tem obrigações e, nos contratos bilaterais, ambas as partes têm obrigações.

d. Nos contratos unilaterais, nenhuma das partes tem obrigações e, nos contratos bilaterais, apenas uma das partes tem obrigações.

2) Com relação à existência de vantagens pecuniárias, qual é a característica principal dos contratos gratuitos?

   a. Ambas as partes obtêm vantagens financeiras.
   b. Apenas uma das partes obtém vantagem econômica.
   c. Não há vantagens pecuniárias para nenhuma das partes.
   d. A vantagem pecuniária é incerta e depende de eventos futuros imprevisíveis.

3) Qual critério de classificação de contratos está relacionado à pessoalidade das obrigações?

   a. Critério de execução das obrigações.
   b. Critério de formalidades.
   c. Critério de modo de formação do contrato.
   d. Critério de autonomia das partes.

4) Descreva os critérios de classificação dos contratos e explique a importância de compreender essas classificações para a prática jurídica. Dê exemplos práticos de situações em que esses critérios podem influenciar a interpretação e a aplicação das regras contratuais.

5) Explique o que caracteriza os contratos aleatórios e como o Código Civil regula esses contratos em situações específicas. Dê exemplos de contratos aleatórios e discuta as implicações do elemento de incerteza ou dependência de eventos futuros em tais contratos.

## Questões para reflexão

1) Explique detalhadamente os critérios de classificação dos contratos mencionados no texto, destacando a importância de cada um na análise e na interpretação de um contrato. Utilize exemplos práticos para ilustrar como esses critérios podem influenciar a aplicação das regras contratuais.

2) Analise a classificação dos contratos com base na pessoalidade das obrigações. Explique a diferença entre contratos impessoais e pessoais, fornecendo exemplos concretos de cada tipo de contrato. Discuta as implicações legais e práticas dessa classificação.

3) Descreva os critérios que envolvem o tempo de execução das obrigações em contratos. Analise como contratos de execução imediata, execução diferida e trato sucessivo funcionam, fornecendo exemplos práticos de cada tipo. Explique como a escolha do tempo de execução pode impactar as partes envolvidas.

4) Explique o papel das formalidades na classificação dos contratos. Discuta a diferença entre contratos informais e solenes e o modo como essas formalidades afetam a validade e a aplicação dos contratos. Utilize exemplos específicos para ilustrar sua explicação.

5) Analise a diferença entre contratos paritários e contratos de adesão, considerando a autonomia das partes na estipulação do conteúdo do contrato. Explique como essa diferença pode afetar a negociação e a equidade entre as partes em um contrato. Forneça exemplos práticos para ilustrar a distinção.

# V

## Conteúdos do capítulo:

» Contrato preliminar.
» Evicção.
» Vícios redibitórios.
» Efeitos contratuais com relação a terceiros.

## Após o conteúdo deste capítulo, você será capaz de:

1. identificar um contrato preliminar;
2. compreender o instituto da evicção;
3. reconhecer os vícios redibitórios;
4. entender as particularidades dos efeitos contratuais com relação a terceiros.

# Especificidades: contrato preliminar, evicção, vícios redibitórios, efeitos contratuais com relação a terceiros

## 5.1 Contrato preliminar

Os contratos preliminares, também conhecidos como *contratos de promessa*, são acordos celebrados entre as partes antes da celebração do contrato principal e que servem para estabelecer as condições para a celebração de tal contrato. São os contratos perfeitos e acabados, por meio dos quais as partes se obrigam a, futuramente, celebrar outro contrato que será considerado definitivo ou principal (compromisso, *pactum de contrahendo*, contrato preparatório, contrato promessa, promessa de compra e venda).

Diferem das negociações preliminares, que são sondagens e conversas pré-contratuais que ocorrem antes da existência de um acordo de vontades, ou seja, antes da formação de um contrato. O contrato preliminar, portanto, é um contrato em que as partes se obrigam a formalizar um contrato no futuro, observando o princípio da obrigatoriedade contratual.

Por exemplo, o objeto do contrato de promessa de compra e venda é a futura celebração do contrato definitivo, ao passo que o contrato de compra e venda é o principal, que trata das obrigações buscadas pelas partes.

Como consta expressamente no art. 462 do Código Civil, o contrato preliminar deve conter todos os requisitos essenciais do futuro contrato a ser celebrado, ou seja, do contrato definitivo.

Entretanto, o dispositivo analisado faz uma ressalva com relação à forma do contrato preliminar, que não precisa ser a mesma do contrato definitivo. Em regra, o contrato preliminar é irretratável, isto é, não se pode voltar atrás no que foi anteriormente acordado. Para que seja possível a retratação (ou para que seja possível arrepender-se do acordado), é necessário que conste expressamente no contrato a chamada *cláusula de arrependimento*. É o teor do art. 463 do Código Civil:

> Art. 463. Concluído o contrato preliminar, com observância do disposto no artigo antecedente, e desde que dele não conste cláusula de arrependimento, qualquer das partes terá o direito de exigir a celebração do definitivo, assinando prazo à outra para que o efetive.
>
> Parágrafo único. O contrato preliminar deverá ser levado ao registro competente. (Brasil, 2002)

Doutrina e jurisprudência debateram durante muito tempo o conteúdo do parágrafo único citado, que determina o registro do contrato preliminar em cartório de Registro de Títulos e Documentos. O entendimento era no sentido de que a obrigação objeto de contrato preliminar apenas poderia ser exigida em juízo após o cumprimento dessa formalidade.

Atualmente, é pacífico o entendimento de que o registro só é necessário para levar a existência do contrato preliminar ao conhecimento de terceiros. Vejamos o que dispõe a Súmula n. 239 do Superior Tribunal de Justiça (STJ): "O direito à adjudicação compulsória não se condiciona ao registro do compromisso de compra e venda no cartório de imóveis" (Brasil, 2000).

## 5.2 Evicção

A evicção é a perda de bens decorrentes de decisões judiciais ou processos administrativos que sejam transferidos para outra pessoa por motivos legais preexistentes. Esse instituto está fundamentado no princípio da garantia e, no caso, existe a chamada *garantia de direito*. Nas palavras de Flávio Tartuce (2021, p. 252), "a evicção pode ser conceituada como a perda da coisa diante de uma decisão judicial ou de um ato administrativo que a atribui a um terceiro".

A evicção está tratada pelo Código Civil a partir do art. 447, que determina: "o alienante responde pela evicção. Subsiste esta garantia ainda que a aquisição se tenha realizado em hasta pública" (Brasil, 2002). Por exemplo, se alguém compra uma casa que já estava alienada a outrem, o referido comprador em questão pode vir a sofrer a perda desse imóvel e é justamente essa perda que recebe o nome de *evicção*.

Segundo explica Paulo Lôbo (2023), o direito brasileiro admite a chamada *evicção expropriatória*, que corresponde aos fins sociais da garantia por evicção. Ela ocorre com a perda da coisa, não pelo fato de um terceiro ter vencido a disputa pela titularidade (propriedade, posse, uso), mas em virtude de penhora judicial e arrematação, por dívidas contraídas e não pagas pelo alienante. Assim, para Lôbo (2023, p. 65),

> A evicção é vício de direito, que compromete a titularidade jurídica sobre a coisa que é objeto de alienação. Significa perda da coisa pelo adquirente, em consequência de reivindicação feita pelo verdadeiro dono, de cujos riscos o alienante deve resguardar o adquirente ou credor. Na evicção o bem existe; apenas acontece que a titularidade é outra. O termo "evicção" vem do latim *evincere*, ou vencer completamente, triunfar. O alienante não é titular do direito real sobre a coisa alienada, em virtude de disputa judicial vencida por terceiro. Consequentemente o credor ou adquirente da coisa recebe direito reduzido, ou direito nenhum. O vencedor é o evictor e o vencido é o evicto (adquirente ou credor).

Nesse caso, conforme o texto do referido art. 447, a pessoa que vendeu o bem responde pela evicção, ou seja, o comprador que perdeu o bem pode requerer do vendedor a devolução integral do preço pago, além de outras indenizações previstas no art. 450 do Código Civil.

Assim, o instituto da evicção funciona como uma forma de garantia para proteger o comprador de boa-fé. Nesse sentido, o art. 457 do Código Civil proíbe que o comprador que sabia que a coisa era de outra pessoa ou estava sendo disputada na Justiça seja beneficiado pela evicção.

São requisitos da responsabilização pela evicção: (a) perda total ou parcial da propriedade; (b) onerosidade da aquisição: não aplicável aos contratos gratuitos; (c) ignorância do adquirente quanto à litigiosidade da coisa; (d) anterioridade do direito do evictor.

Mesmo que as partes estabeleçam cláusula que exclua a responsabilidade pela evicção, se esta ocorrer, o evicto tem direito a receber o preço que pagou pela coisa evicta se não soube do risco da evicção ou, se dele foi informado, não o assumiu. Contudo, não pode o adquirente demandar pela evicção, se sabia que a coisa era alheia ou litigiosa.

## 5.2.1 Responsabilidade pela evicção

Sobre o tema, o art. 450 do Código Civil assim dispõe:

> Art. 450. Salvo estipulação em contrário, tem direito o evicto, além da restituição integral do preço ou das quantias que pagou:
>
> I – à indenização dos frutos que tiver sido obrigado a restituir;
>
> II – à indenização pelas despesas dos contratos e pelos prejuízos que diretamente resultarem da evicção;
>
> III – às custas judiciais e aos honorários do advogado por ele constituído. (Brasil, 2002)

Carlos Roberto Gonçalves (2022, p. 166), ao tratar do tema, observa que

> o ressarcimento deve ser amplo e completo, como se infere da expressão prejuízos que resultarem diretamente da evicção, incluindo-se as despesas com o ITBI recolhido, lavratura e registro de escritura, juros e correção monetária. São indenizáveis os prejuízos devidamente comprovados, competindo ao evicto o ônus de prová-los. As perdas e danos, segundo o princípio geral inserido no art. 402 do Código Civil, abrangem o dano emergente e o lucro cessante. Os juros legais são devidos à vista do disposto no art. 404 do Código Civil.

As partes poderão, por cláusula expressa, reforçar, diminuir ou excluir a responsabilidade pela evicção prevista no art. 450, mas ao menos a restituição do valor do bem sempre será obrigatória. Sobre a questão, Caio Mário da Silva Pereira (2022, p. 137) esclarece ainda que

> o alienante responde pela plus valia adquirida pela coisa, isto é, a diferença a maior entre o preço de aquisição e o seu valor ao tempo em que se evenceu (parágrafo único do art. 450), atendendo a que a lei manda indenizar o adquirente dos prejuízos, e, ao cuidar das perdas e danos, o Código Civil (art. 402) considera-as abrangentes não apenas do dano emergente, porém daquilo que o credor razoavelmente deixou de lucrar. E, se a evicção vem privá-lo da coisa no estado atual, o alienante tem o dever de recompor o seu patrimônio, transferindo-lhe soma pecuniária equivalente à estimativa da valorização... Se, ao contrário de valorização, estiver depreciada, a aplicação pura e simples do disposto no art. 450 desautoriza levá-la em consideração, pois que constrange o alienante a efetuar a 'restituição integral do preço',

e não obsta uma possível alegação de que a menor-valia corre à conta de negligência do adquirente

Nas palavras de Paulo Lôbo (2023, p. 65),

A garantia de evicção tem por fito assegurar ao adquirente da titularidade de direito real ou da posse que, se ela ocorrer, receberá de volta o que deu ou pagou, com a devida atualização, de modo a que não sofra prejuízo com esse desfecho. Essa responsabilidade do alienante independe de ter agido com culpa, pois é aferida objetivamente, ou seja, com a comprovação da perda da coisa. Se o alienante deu algum bem em pagamento, seja como dação ou permuta, este retornará de acordo com as qualidades e características com que foi entregue, indenizado do que foi prejudicado. Se pagou o preço em dinheiro, receberá este atualizado, porque esta dívida é de valor e não de dinheiro, pois o adquirente não deve sofrer redução patrimonial em razão de fato que não deu causa. Ainda, segundo decidido pelo STJ (REsp 248.423), o evicto há de ser indenizado com importância que lhe propicie adquirir outro equivalente, não constituindo reparação completa a simples devolução do que foi pago, ainda que com correção monetária. Portanto, deve ser considerado o valor de mercado da coisa, pois o Código Civil refere "à época em que se evenceu", ou da efetiva perda da coisa, não importando o valor constante do contrato. O direito instituído no art. 450 do Código permanece como dívida de valor, independentemente do desgaste natural da coisa. O preço atualizado leva em conta a valorização que teria a coisa desde a conclusão do contrato. Desse valor devem ser deduzidas as vantagens auferidas pelo credor, após a aquisição da coisa, também corrigidas até à data da evicção, para que não se configure enriquecimento sem causa, de sua parte.

O alienante (vendedor) tem a obrigação de indenizar a evicção, mesmo que a propriedade alienada esteja deteriorada, exceto em caso de dolo do adquirente (comprador). Portanto, nos termos do art. 451 do Código Civil, mesmo se a propriedade tiver sofrido danos antes de ser vendida, o vendedor ainda será responsável por indenizar o comprador se a propriedade for evicta (tomada sem justa causa). A única exceção seria no caso de o comprador ter agido de má-fé, sabendo que a propriedade estava em risco de ser evicta. Nessa situação, o comprador poderia ser considerado o responsável pelos danos e o vendedor não seria obrigado a indenizá-lo\*.

O art. 452 do Código Civil brasileiro estabelece essa regra: se o adquirente (comprador) tiver obtido algum benefício das deteriorações (danos) da propriedade e não for condenado a indenizá-las, o valor desses benefícios será deduzido da quantia que o alienante (vendedor) deve pagar em caso de evicção. Isso significa que, se o comprador tiver obtido algum benefício das deteriorações da propriedade, ele deverá devolver esse benefício ao vendedor ou, pelo menos, seu valor será deduzido do valor total da indenização que o vendedor deve pagar.

Já os arts. 453 e 454 do Código Civil brasileiro\*\* dispõem que, no caso de evicção, as benfeitorias necessárias ou úteis realizadas na propriedade que não tenham sido abonadas (pagas) pelo proprietário que sofreu a evicção serão pagas pelo alienante (vendedor). Isso significa que o vendedor é responsável por pagar essas melhorias, mesmo que ele não tenha

---

\* "Art. 451. Subsiste para o alienante esta obrigação, ainda que a coisa alienada esteja deteriorada, exceto havendo dolo do adquirente" (Brasil, 2002).

\*\* "Art. 453. As benfeitorias necessárias ou úteis, não abonadas ao que sofreu a evicção, serão pagas pelo alienante. Art. 454. Se as benfeitorias abonadas ao que sofreu a evicção tiverem sido feitas pelo alienante, o valor delas será levado em conta na restituição devida" (Brasil, 2002).

sido o responsável pela evicção. Essa obrigação do alienante é independente da obrigação de indenizar a evicção e pode ser cumulativa com ela. Como bem explica Carlos Roberto Gonçalves (2023, p. 65),

> No tocante às benfeitorias realizadas na coisa, dispõe o art. 453 do Código Civil que as "necessárias ou úteis, não abonadas ao que sofreu a evicção, serão pagas pelo alienante". O evicto, como qualquer possuidor, tem direito de ser indenizado das necessárias e úteis, pelo reivindicante (CC, art. 1.219). Contudo, se lhe foram abonadas (pagas pelo reivindicante) e tiverem sido feitas, na verdade, pelo alienante, "o valor delas será levado em conta na restituição devida" (CC, art. 454). A finalidade da regra é evitar o enriquecimento sem causa do evicto, impedindo que embolse o pagamento, efetuado pelo reivindicante, de benfeitorias feitas pelo alienante.

O art. 455 do Código Civil, por sua vez, determina que, caso a evicção seja parcial, mas considerável, poderá o evicto optar entre a rescisão do contrato e a restituição da parte do preço correspondente ao desfalque sofrido. Se não for considerável, caberá somente direito a indenização. Carlos Roberto Gonçalves (2023, p. 65) assim explica o conteúdo do artigo:

> A doutrina em geral considera parte considerável, para esse fim, a perda que, atentando-se para a finalidade da coisa, faça presumir que o contrato não se aperfeiçoaria se o adquirente conhecesse a verdadeira situação. Deve-se sublinhar, também, que não somente sob o aspecto da quantidade pode ser aferido o desfalque, mas também em função da qualidade, que pode sobrelevar àquele. Se, por exemplo, alguém adquire uma propriedade rural e perde uma pequena fração dela, porém justamente aquela em que se situa a casa da sede, ou o manancial

de água, pode a evicção, não obstante a pouca extensão territorial subtraída, ser considerada considerável ou de grande monta, por atingir a própria finalidade econômica do objeto.

De todo o exposto, podemos concluir que a responsabilidade pela evicção tem caráter garantista e afirmar que seu fundamento está na proibição de enriquecimento sem causa, mas não apenas isso. Percebemos também que o princípio da boa-fé objetiva justifica o instituto, já que nas situações em que a evicção acontece parece evidente a quebra do dever de lealdade e eticidade que deve pautar as relações contratuais.

### 5.2.2 Prazo prescricional para a propositura da ação de indenização pela evicção

Ao evicto dá-se o direito de ser ressarcido pelos prejuízos resultantes da evicção e, portanto, após o fim do processo em que ocorre a evicção, poderá o evicto propor ação indenizatória. Entretanto, o legislador não tratou expressamente do prazo para a propositura da ação de indenização, o que, por muito tempo, trouxe dúvidas para a doutrina e para os tribunais. Sobre o tema, Pablo Stolze Gagliano e Rodolfo Pamplona Filho (2023, p. 84) entendem que

> A postulação que se faz, quando ocorrente a evicção, não é de desfazimento do negócio – postulação constitutiva negativa, que atrai um prazo de natureza decadencial – mas sim da sua dissolução por fato posterior, com as mencionadas indenizações correspondentes, proporcionais no caso de evicção parcial. Assim, o que se tem, efetivamente, é uma pretensão e, por isso, o prazo deverá ser considerado prescricional. E qual é o prazo? A primeira tentação, da mesma forma, pela inexistência

de uma previsão disciplinadora específica, é invocar o caput do art. 205 do CC/2002, para reconhecer o prazo de 10 (dez) anos. Todavia, assim também não pensamos. De novo, consideramos relevantíssimo verificar qual é a natureza da postulação deduzida em juízo. E, nesse caso, constatamos que, no final das contas, o que se verifica é uma pretensão de reparação civil, pois o alienante (ou devedor expropriado, no caso da hasta pública) acabou por gerar um dano no patrimônio do adquirente evicto, por submeter um bem, que não era seu, mas sim do terceiro evictor. Por isso, defendemos que, na atualidade, o prazo para tal pretensão é de 3 (três) anos, na forma do art. 206, § 3º, V, do vigente Código Civil brasileiro (prazo para se formular pretensão de reparação civil).

É nesse sentido o entendimento da jurisprudência do STJ, pois, seja a reparação civil decorrente da responsabilidade contratual, seja decorrente da extracontratual, ainda que exclusivamente moral ou consequente de abuso de direito, a prescrição das pretensões dessa natureza originadas sob a égide do novo paradigma do Código Civil de 2002 deve observar o prazo comum de três anos.

O entendimento é da 3ª Turma do STJ ao julgar o Recurso Especial n. 1.577.229, em ação de ressarcimento de prejuízo decorrente de evicção, em voto da relatoria da Ministra Nancy Andrighi:

CIVIL E PROCESSO CIVIL. RECURSO ESPECIAL. AÇÃO REPARATÓRIA COM BASE NA GARANTIA DA EVICÇÃO. INTERESSE DE AGIR CONFIGURADO. PRAZO PRESCRICIONAL TRIENAL. DEVER DE INDENIZAR. HONORÁRIOS ADVOCATÍCIOS. REVISÃO. IMPOSSIBILIDADE.

1. Ação de ressarcimento pela evicção ajuizada em 09/12/2009, da qual foi extraído o presente recurso especial, interposto em 08/06/2015 e concluso ao Gabinete em 25/08/2016.

2. Discute-se a existência de interesse de agir do recorrido; o prazo prescricional aplicável à pretensão de ressarcimento pela evicção; a configuração do dever de indenizar; e a proporcionalidade dos honorários advocatícios arbitrados.

3. A análise quanto à eventual existência de crédito a ser compensado entre as partes não prescinde do reexame do conjunto fático-probatório, vedado pela súmula 7 do STJ, e não afasta o interesse de agir do adquirente de ter reconhecida a evicção e o direito de reparação dela consequente.

4. Independentemente do seu nomen juris, a natureza da pretensão deduzida em ação baseada na garantia da evicção é tipicamente de reparação civil decorrente de inadimplemento contratual, a qual se submete ao prazo prescricional de três anos, previsto no art. 206, § 3º, V, do CC/02.

5. Reconhecida a evicção, exsurge, nos termos dos arts. 447 e seguintes do CC/02, o dever de indenizar, ainda que o adquirente não tenha exercido a posse do bem, já que teve frustrada pelo alienante sua legítima expectativa de obter a transmissão plena do direito.

6. Alterar o decidido no acórdão impugnado, no que se refere ao valor fixado para honorários advocatícios, exige o reexame de fatos e provas, vedado em recurso especial pela Súmula 7 do STJ.

7. Recurso especial parcialmente conhecido e, nessa parte, desprovido. (Brasil, 2016)

## 5.3 Vícios redibitórios

Os vícios redibitórios são defeitos ocultos que existem no objeto de uma compra e venda, doação onerosa ou contrato comutativo que tornam o bem impróprio para o uso a que se destina ou diminuem significativamente seu valor. Esses defeitos não são comuns a outros bens similares e, se fossem conhecidos, o negócio não teria sido realizado. O adquirente tem o direito de redibir o contrato ou obter um abatimento no preço pelo vício redibitório, ou seja, existente o vício, é possível pedir a dissolução do contrato ou o abatimento no preço pago. Contudo: (a) o defeito deve ser preexistente; (b) o defeito deve acompanhar o bem quando da tradição. Sílvio Venosa (2022a, p. 188), ao conceituar o instituto, explica que

> As obrigações do vendedor ou do transmitente da coisa em outros contratos diversos da compra e venda não terminam com a entrega da *res*. O alienante deve garantir ao adquirente que ele possa usufruir da coisa conforme sua natureza e destinação. Essa obrigação resulta do princípio da boa-fé que deve nortear a conduta dos contratantes. Essa modalidade de garantia, que sucede a entrega da coisa, assume três diferentes facetas. De plano, deve o transmitente da coisa abster-se de praticar qualquer ato que implique turbação do direito transmitido. Como consequência dessa obrigação, deve também evitar que o adquirente seja turbado no exercício do direito por atos espoliativos emanados de terceiros, decorrentes de causas anteriores à transmissão. Se esse terceiro triunfa, e obtém a coisa para si, o alienante tem a obrigação de indenizar o adquirente pela perda. Finalmente, o alienante deve assegurar a materialidade idônea da coisa, garantindo o adquirente de vícios ocultos.

Quando o legislador determina a responsabilidade do vendedor da coisa pelo vício redibitório, está tratando de garantia legal de qualidade, que serve para resguardar o adquirente da coisa e se funda no princípio da boa-fé objetiva, na informação e na transparência. Notemos aqui a relevância dada pelo legislador aos deveres anexos de conduta que se desdobram do princípio da boa-fé.

Cabe ressaltar que o vício redibitório é instituto diferente do erro no negócio jurídico. O erro no negócio jurídico ocorre quando uma das partes tem uma ideia falsa da realidade e se baseia em informações incorretas ou incompletas para tomar uma decisão. Nesse caso, a deficiência é subjetiva e pode ser causada intencionalmente pelo alienante ou por terceiros. O erro pode ser um simples equívoco ou pode ser causado pelo dolo. No erro, o adquirente recebe uma coisa diferente da que desejava ou imaginava que estava adquirindo.

Já o vício redibitório decorre da própria coisa e é um defeito oculto que impede ou diminui significativamente o uso, o valor ou a segurança do bem. O vício redibitório é uma condição da coisa, e não da vontade do adquirente ou do alienante. O adquirente não tem conhecimento do vício redibitório no momento da compra, pois está oculto. A distinção entre esses dois conceitos é importante, pois gera consequências jurídicas diferentes, incluindo prazos de decadência e direitos distintos para as partes envolvidas.

São três os requisitos legais para o reconhecimento da responsabilidade por vícios redibitórios: (i) coisa recebida em virtude de contrato comutativo e oneroso; (ii) vícios graves que comprometam a utilidade da coisa ou diminuam seu valor; ou (iii) vício oculto no momento da contratação. É o que se extrai do art. 441 do Código Civil:

Art. 441. A coisa recebida em virtude de contrato comutativo pode ser enjeitada por vícios ou defeitos ocultos, que a tornem imprópria ao uso a que é destinada, ou lhe diminuam o valor.

Parágrafo único. É aplicável a disposição deste artigo às doações onerosas. (Brasil, 2002)

O vício redibitório não se aproxima, ao contrário do que se possa acreditar, da ideia de responsabilidade civil. Esse instituto é, em verdade, principalmente causa de dissolução do contrato, muito embora nada impeça que a parte prejudicada busque ser indenizada. Como explica Caio Mário da Silva Pereira (2022, p. 122),

> Não se aproxima ontologicamente o conceito de vício redibitório da ideia de responsabilidade civil. Não se deixa perturbar a sua noção com a indagação da conduta do contratante, ou apuração da sua culpa, que influirá contudo na graduação dos respectivos efeitos, sem aparecer como elemento de sua caracterização. O erro tem sido apontado como seu fundamento, com o argumento de que o agente não faria o contrato se conhecesse a verdadeira situação (Carvalho de Mendonça); na teoria dos riscos vai justificá-lo Brinz; na responsabilidade do vendedor pela impossibilidade parcial da prestação, assenta-o Regelsberger; vai Windscheid ligá-lo à pressuposição; Cunha Gonçalves acha uma variante desta na inexecução do alienante; Von Ihering prende-o à equidade; Fubini toma em consideração a finalidade específica da prestação. Para nós, o seu fundamento é o princípio de garantia, sem a intromissão de fatores exógenos, de ordem psicológica ou moral. O adquirente, sujeito a uma contraprestação, tem direito à utilidade natural da coisa, e, se ela lhe falta, precisa de estar garantido contra o alienante, para a hipótese de lhe ser entregue coisa a

que faltem qualidades essenciais de prestabilidade, independentemente de uma pesquisa de motivação.

Para que se configure um vício redibitório, devem estar presentes os seguintes requisitos:

A – Os defeitos devem ser ocultos, pois que os ostensivos, pelo fato de o serem, se presumem levados em consideração pelo adquirente, que não enjeitou mas recebeu a coisa. A verificação deste requisito é às vezes difícil na prática, já que um defeito pode ser oculto para uma pessoa e perceptível facilmente para outra. A apuração far-se-á, entretanto, *in abstracto*, considerando-se oculto o defeito que uma pessoa, que disponha dos conhecimentos técnicos do adquirente, ou que uma pessoa de diligência média, se não for um técnico, possa descobrir a um exame elementar. Não se reputa oculto o defeito somente porque o adquirente o não enxergou, visto como a negligência não merece proteção. Ressalte-se que em relações de consumo esta característica não é exigida, podendo o produto ou serviço ser enjeitado ainda que o vício seja aparente ou de fácil constatação (art. 26, Lei nº 8.078/1990).

B – Deverão ser desconhecidos do adquirente; se deles tiver conhecimento, mesmo que não sejam aparentes, não se pode queixar de sua presença.

C – Somente se levam em conta os já existentes ao tempo da alienação e que perdurem até o momento da reclamação. Os supervenientes afetam coisa já incorporada ao patrimônio do adquirente; e se houverem cessado, deixam a demanda sem objeto. Exceção a esta orientação se faz quanto aos defeitos relativos a produtos e serviços objetos de relação de consumo regidos pela Lei nº 8.078/1990, a qual permite a tutela do vício superveniente à formação do contrato, desde que não tenha sido causado por ato próprio do consumidor, pelo uso inadequado ou inapropriado do produto ou serviço.

D – Não é qualquer defeito que fundamenta o pedido de efetivação do princípio, porém aqueles que positivamente prejudicam a utilidade da coisa, tornando-a inapta às suas finalidades, ou reduzindo a sua expressão econômica. Nas relações de consumo, no entanto, permite-se a execução da garantia também quando há disparidade com as indicações constantes do recipiente, da embalagem, rotulagem ou mensagem publicitária, respeitadas as variações decorrentes de sua natureza, podendo o consumidor exigir a substituição das partes viciadas (art. 18, Lei nº 8.078/1990). (Pereira, 2022, p. 125)

Para Sílvio Venosa (2022a, p. 192),

O vício deve ser oculto. O art. 441 do Código também se refere a vícios ou defeitos ocultos. Os defeitos aparentes não dão margem à responsabilidade do alienante. Há necessidade de valoração prática desse requisito em cada caso concreto. Há coisas que na vida social são conhecidas pela sociedade em geral. Há coisas que dependem de maior ou menor conhecimento técnico, para serem conhecidas. A noção de homem médio no caso dos vícios redibitórios tem que ser avaliada dessa forma. Um mecânico ou um vendedor de automóveis não pode ser tratado como um comprador comum na aquisição de um veículo, sob o prisma de aferição de conhecimento do vício. O que se mostra como defeito notório para um especialista não o será para o homem médio. Modernamente, quanto mais lidamos com aparelhos cada vez mais sofisticados, maior deverá ser o cuidado do juiz no caso concreto.

A entrega de coisa diversa da contratada não configura vício redibitório, e sim inadimplemento contratual, no qual o devedor é responsável por perdas e danos (art. 389, Código Civil). A entrega de uma quantidade menor de mercadorias ou objetos contratados, bem como a entrega de material de tipo diferente do contratado, também não configura vício redibitório, mas inadimplemento contratual. É importante notar que vício redibitório e inadimplemento contratual são conceitos diferentes e devem ser tratados de maneira distinta. No vício redibitório, o contrato é cumprido de maneira imperfeita em razão de um defeito oculto na coisa, ao passo que, no inadimplemento contratual, o contrato é descumprido em virtude da entrega de uma coisa diferente da contratada.

Em caso de vício redibitório, o adquirente tem direito a redibir o contrato ou obter abatimento no preço; em caso de inadimplemento contratual, o adquirente tem direito a exigir o cumprimento do contrato ou pedir a resolução deste, com perdas e danos.

Aquele que adquire bem com vício oculto pode ir a juízo e propor uma das ações edilícias: (a) buscar a extinção do contrato, o que se faz por meio da chamada *ação redibitória*, ou (b) pleitear abatimento no preço que pagou, considerando que o vício não impede o uso do bem, mas lhe diminui o valor – nesse caso, temos a chamada *ação quanti minoris*. Pablo Stolze Gagliano e Rodolfo Pamplona Filho (2021, p. 77) explicam essas situações:

> E, afinal de contas, verificada a incidência de vício redibitório, quais seriam as suas consequências jurídicas? A resposta não é difícil. A teor do art. 442 do Código Civil, abrem-se, para o adquirente, duas possibilidades: a) rejeitar a coisa, redibindo o contrato (via ação redibitória); b) reclamar o abatimento no preço (via ação estimatória ou "quanti minoris"). A primeira solução é a mais drástica. O alienatário, insatisfeito pela constatação do vício,

propõe, dentro do prazo decadencial previsto em lei, uma ação redibitória, cujo objeto é, precisamente, o desfazimento do contrato e a devolução do preço pago, podendo inclusive pleitear o pagamento das perdas e danos. No segundo caso, prefere o adquirente, também dentro do prazo decadencial da lei, propor ação para pleitear o abatimento ou desconto no preço, em face do defeito verificado. Tal ação denomina-se ação estimatória ou "quanti minoris".

Segundo o art. 442 do Código Civil, o adquirente tem o direito de escolher entre rejeitar a coisa e redibir o contrato (art. 441) ou reclamar abatimento no preço. Se o adquirente escolher redibir o contrato, ele poderá devolver a coisa e receber o reembolso do valor pago. Se escolher reclamar abatimento no preço, o adquirente poderá continuar com a posse da coisa, mas terá direito a um abatimento no preço pago pelo bem devido ao vício redibitório*.

Se o alienante conhecia o vício ou defeito da coisa, ele deve restituir o que recebeu pelo bem, mais as perdas e danos causados pelo vício redibitório. Isso inclui não somente o preço pago pelo bem, mas também quaisquer outros gastos ou perdas incorridos pelo adquirente em virtude do vício redibitório. Todavia, se o alienante não conhecia o vício ou defeito da coisa, ele somente é obrigado a restituir o valor recebido pelo bem, mais as despesas do contrato. Isso inclui quaisquer gastos

---

* "Art. 442. Em vez de rejeitar a coisa, redibindo o contrato (art. 441), pode o adquirente reclamar abatimento no preço. Art. 443. Se o alienante conhecia o vício ou defeito da coisa, restituirá o que recebeu com perdas e danos; se o não conhecia, tão somente restituirá o valor recebido, mais as despesas do contrato. Art. 444. A responsabilidade do alienante subsiste ainda que a coisa pereça em poder do alienatário, se perecer por vício oculto, já existente ao tempo da tradição" (Brasil, 2022).

incorridos pelo adquirente relacionados à compra e à posse do bem, como taxas e comissões.

O art. 444 do Código Civil estabelece que a responsabilidade do alienante pelo vício redibitório continua mesmo se a coisa perecer em poder do adquirente, desde que a perda tenha sido causada pelo vício oculto existente no momento da tradição. Temos, no caso, importante exceção à regra *res perit domino*, ou "a coisa perece para o dono", pois, nesse caso, o adquirente deve ser ressarcido pela perda da coisa.

A proteção dada ao comprador de bem que apresente vício oculto é também conhecida como *garantia legal de qualidade*, que não está prevista apenas no Código Civil, mas também no Código de Defesa do Consumidor.

Lembre-se apenas de que as premissas do Código Civil são diferentes daquelas do Código de Defesa do Consumidor. O Código Civil trata das chamadas *contratações paritárias*, enquanto o Código de Defesa do Consumidor regula as relações de consumo, em que sempre haverá um parte considerada vulnerável, que é o consumidor.

Observe também que o Código Civil determina que o vício que gera responsabilização do vendedor é o vício oculto, ao passo que, conforme o Código de Defesa do Consumidor, mesmo o vício aparente gera o dever do fornecedor de substituir o produto, devolver as quantias pagas ou dar um abatimento no preço ao consumidor.

### 5.3.1 Garantia legal

O vendedor de qualquer bem fica como garantidor da qualidade do bem adquirido. No caso de vício, deve ressarcir o adquirente. Contudo, o dever de garantia por parte do vendedor não é eterno e deve ser exercido dentro de determinado período de tempo. Podem as partes estipular uma garantia contratual, a exemplo do que preveem o Código de Defesa do Consumidor em seu art. 50 e o Código Civil em seu art. 446.

Mas existem prazos de garantia que têm previsão legal. Vejamos o que consta do art. 445 do Código Civil:

> Art. 445. O adquirente decai do direito de obter a redibição ou abatimento no preço no prazo de trinta dias se a coisa for móvel, e de um ano se for imóvel, contado da entrega efetiva; se já estava na posse, o prazo conta-se da alienação, reduzido à metade.
>
> § 1º Quando o vício, por sua natureza, só puder ser conhecido mais tarde, o prazo contar-se-á do momento em que dele tiver ciência, até o prazo máximo de cento e oitenta dias, em se tratando de bens móveis; e de um ano, para os imóveis. (Brasil, 2002)

Embora, em primeira análise, a interpretação do citado art. 445 possa gerar alguma dúvida e ainda seja objeto de controvérsia doutrinária, a interpretação adequada é aquela dada pelo Enunciado n. 174 da III Jornada de Direito Civil: "Em se tratando de vício oculto, o adquirente tem os prazos do caput do art. 445 para obter redibição ou abatimento de preço, desde que os vícios se revelem nos prazos estabelecidos no parágrafo primeiro, fluindo, entretanto, a partir do conhecimento do defeito" (CNJ, 2004b).

É nesse sentido a jurisprudência do STJ:

> RECURSO ESPECIAL. VÍCIO REDIBITÓRIO. BEM MÓVEL. PRAZO DECADENCIAL. ART. 445 DO CÓDIGO CIVIL.
>
> 1. O prazo decadencial para o exercício da pretensão redibitória ou de abatimento do preço de bem móvel é de 30 dias (art. 445 do CC). Caso o vício, por sua

natureza, somente possa ser conhecido mais tarde, o § 1.º do art. 445 estabelece, em se tratando de coisa móvel, o prazo máximo de 180 dias para que se revele, correndo o prazo decadencial de 30 dias a partir de sua ciência. 2. Recurso especial a que se nega provimento. (Brasil, 2014)

Depois desse julgado superior, surgiram outros arestos estaduais seguindo o mesmo caminho. Vejamos alguns exemplos:

O art. 445, § 1.º, do Código Civil, dispõe que o prazo para reclamar dos vícios ocultos é de 30 dias, contados da data em que o adquirente teve ciência do vício, até o prazo máximo de 180 dias, em se tratando de bem móvel. Ação ajuizada 09 meses após a ciência do defeito. Extinção da ação pelo reconhecimento da decadência. (TJRS, 2017)

Nos termos do art. 445, § 1.º do CC/02, o prazo decadencial para se invocar os vícios redibitórios de difícil constatação em imóveis é de 1 ano a contar da data em que se tomou conhecimento destes. Com o intuito de reforçar o princípio da segurança jurídica, o § 1.º do art. 445 do CC/02 também impõe uma limitação temporal para serem detectados os referidos vícios, qual seja, a de 01 ano da entrega do imóvel. Ou seja, existem dois prazos, o para a constatação da existência de vícios e o para ajuizar a demanda. (TJMG, 2016)

Alegação de que o prazo decadencial do art. 445, § 1.º, CC, teria início apenas com a ciência do vício. Presunção que não poderia ter sido utilizada para o pronunciamento da decadência. Perícia que teria sido desvirtuada. Constatação dos vícios alegados. Necessidade de reparação. Não acolhimento. Decadência bem decretada. Vícios redibitórios, ainda que ocultos, têm prazo legal para exteriorização. 1 ano (art. 445, § 1.º, CPC). Problemas surgidos nesse ínterim, prazo decadencial do caput do art. 445, CC, tem início da ciência do vício. (TJSP, 2016)

O Código de Defesa do Consumidor, por sua vez, prevê os prazos legais de garantia em seu art. 26 e dispõe que o prazo será de: (a) 30 dias, tratando-se de fornecimento de produtos não duráveis (aqueles que desaparecem facilmente com o consumo, caso de alimentos perecíveis); e (b) 90 dias, tratando-se de fornecimento de produtos duráveis (aqueles que não desaparecem facilmente com o consumo, caso de veículos e de eletrodomésticos).

Caio Mário da Silva Pereira (2022, p. 131) observa que

A tendência moderna de proteção ao consumidor levou a considerar que a teoria dos vícios redibitórios se revela insuficiente. Construiu-se, então, a doutrina da responsabilidade civil do fabricante, cuja essência é reconhecer ação direta contra o produtor, para cobertura de dano causado na utilização de produtos acabados, que revelem defeitos atribuíveis à fabricação.

O Código de Defesa e Proteção ao Consumidor estabelece preceituação mais rigorosa, impondo a substituição do produto por outro da mesma espécie, em perfeitas condições de uso, e a restituição imediata da quantia paga, devidamente corrigida, além das perdas e danos, ou ainda abatimento do preço.

Num reforço das garantias do adquirente o mesmo Código de Proteção e Defesa do Consumidor (Lei nº 8.078/1990) assegura ao consumidor a inversão do ônus da prova no processo civil, quando, a critério do juiz, for verossímil a alegação, ou quando for ele hipossuficiente, segundo as regras ordinárias de experiência (art. 6º, nº VIII).

## 5.4 Efeitos contratuais com relação a terceiros

Em análise literal, o já conhecido princípio da relatividade dos efeitos do contrato determina que o conteúdo de um contrato obriga apenas as partes contratantes, ou seja, estão obrigados ao cumprimento das obrigações contratadas os sujeitos da relação jurídica. Contudo, há na lei algumas figuras diferenciadas em que os efeitos de um contrato extrapolam os limites do negócio e podem resultar em direitos e obrigações a serem cumpridas por terceiros. A seguir, passaremos a uma breve análise desses institutos jurídicos.

### 5.4.1 Estipulação contratual em favor de terceiro

A estipulação contratual em favor de terceiro tem previsão no Código Civil nos arts. 436 a 438* e constitui-se em instituto *sui generis*. Uma parte convenciona com o devedor que este deve realizar determinada prestação em favor de outrem. O contrato de seguro é típico exemplo de estipulação em favor de terceiro. Imagine-se que alguém contrata um seguro de vida e determina que seu filho será beneficiário do prêmio no caso de sua morte. Nessa situação, será um terceiro o beneficiado pelo contrato.

---

\* "Art. 436. O que estipula em favor de terceiro pode exigir o cumprimento da obrigação. Parágrafo único. Ao terceiro, em favor de quem se estipulou a obrigação, também é permitido exigi-la, ficando, todavia, sujeito às condições e normas do contrato, se a ele anuir, e o estipulante não o inovar nos termos do art. 438. Art. 437. Se ao terceiro, em favor de quem se fez o contrato, se deixar o direito de reclamar-lhe a execução, não poderá o estipulante exonerar o devedor. Art. 438. O estipulante pode reservar-se o direito de substituir o terceiro designado no contrato, independentemente da sua anuência e da do outro contratante. Parágrafo único. A substituição pode ser feita por ato entre vivos ou por disposição de última vontade" (Brasil, 2002).

A respeito desse peculiar instituto, Arnaldo Rizzardo (2022, p. 144) esclarece que

> Tem-se, pois, um contrato formado por duas pessoas, sendo que uma delas se obriga a entregar uma vantagem ou proveito a uma terceira pessoa, a qual é completamente estranha à relação, não participando ou concordando na convenção. Num contrato, faz-se um ajuste, uma promessa, ou inclui-se uma cláusula, onde se obriga a praticar um ato em favor de outra pessoa, a qual não está incluída no vínculo. [...] Os seguintes personagens figuram na espécie, que aparecem como elementos indispensáveis: a) O estipulante, também conhecido como promissário, que é aquele que contrata com outra pessoa que ela prestará uma obrigação (benefício) a favor de um terceiro [...]. Registre-se que o estipulante não é representante do beneficiário, mas age em nome próprio. b) O promitente, que vem a ser a pessoa que se obriga a cumprir a prestação junto ao estipulante. c) O beneficiário, constituindo-se do terceiro a quem o contrato favorece, ou a cujo favor a obrigação será prestada.

Para Carlos Roberto Gonçalves (2022, p. 129),

> Dá-se a estipulação em favor de terceiro, pois, quando, no contrato celebrado entre duas pessoas, denominadas estipulante e promitente, convenciona-se que a vantagem resultante do ajuste reverterá em benefício de terceira pessoa, alheia à formação do vínculo contratual. Nela, como se vê, figuram três personagens: o estipulante, o promitente e o beneficiário, este último estranho à convenção. Por conseguinte, a capacidade só é exigida dos dois primeiros, pois qualquer pessoa pode ser contemplada com a estipulação, seja ou não capaz.

Explica também o autor que

> A peculiaridade da estipulação em favor de terceiros está em que estes, embora estranhos ao contrato, tornam-se credores do promitente. No instante de sua formação, o vínculo obrigacional decorrente da manifestação da vontade estabelece-se entre o estipulante e o promitente, não sendo necessário o consentimento do beneficiário. Tem este, no entanto, a faculdade de recusar a estipulação em seu favor. Completa-se o triângulo somente na fase da execução do contrato, no instante em que o favorecido aceita o benefício, acentuando-se nessa fase a sua relação com o promitente1. Embora a validade do contrato não dependa da vontade do beneficiário, sem dúvida a sua eficácia fica nessa dependência. Também faz-se mister que o contrato proporcione uma atribuição patrimonial gratuita ao favorecido, ou seja, uma vantagem suscetível de apreciação pecuniária, a ser recebida sem contraprestação. A eventual onerosidade dessa atribuição patrimonial invalida a estipulação, que há de ser sempre em favor do beneficiário. (Gonçalves, 2022, p. 129)

O que estipula em favor de terceiro pode exigir o cumprimento da obrigação e, ainda, ao terceiro, em favor de quem se estipulou a obrigação, também é permitido exigi-la, ficando, todavia, sujeito às condições e normas do contrato, se a ele anuir e o estipulante não o inovar, nos termos do art. 438. Nesse caso, a anuência deverá ser expressa.

Se ao terceiro, em favor de quem se fez o contrato, se deixar o direito de reclamar-lhe a execução, não poderá o estipulante exonerar o devedor. Ademais, o estipulante pode reservar-se o direito de substituir o terceiro designado no contrato, independentemente de sua anuência e da do outro contratante. Essa substituição pode ser feita por ato entre vivos ou por disposição de última vontade.

No silêncio do contrato, o estipulante (a pessoa que estabeleceu a obrigação) tem a possibilidade de substituir o beneficiário (a pessoa que tem direito à prestação) sem a necessidade de qualquer formalidade, desde que haja comunicação ao promitente (a pessoa que se obrigou a cumprir a obrigação) para que ele saiba a quem deve efetuar o pagamento. Isso é comum em seguros de vida, em que a comunicação pode ser feita por meio do endosso da apólice ou do testamento. Em seguros contra acidentes de trabalho, a relação nominal é periodicamente enviada ao segurador, com a substituição dos empregados que se demitiram ou foram demitidos.

### 5.4.2 Promessa de fato de terceiro

Com previsão no Código Civil nos arts. 439 e 440, trata-se de promessa de prática futura de uma conduta humana. Para Sílvio Venosa (2022a, p. 151),

> Nessa hipótese, o promissário não beneficia terceiro, mas se responsabiliza por uma prestação de terceiro. Trata-se de promessa de fato alheio. Como o terceiro não pode ser obrigado pela avença, se o contratante não obtiver o fato prometido, responderá por perdas e danos. Suponhamos a situação de um empresário que se compromete a apresentar o espetáculo com determinado ator ou músico. Não cumprida a prestação, será o empresário o responsável pela indenização por perdas e danos. Esse o sentido do art. 439: "Aquele que tiver prometido fato de terceiro responderá por perdas e danos, quando este o não executar." A relação porventura existente entre o terceiro e o promitente é irrelevante para o outro contratante.

Aquele que tiver prometido fato de terceiro responderá por perdas e danos quando este o não executar. Contudo, tal responsabilidade não existirá se o terceiro for o cônjuge do promitente, dependendo de sua anuência (do cônjuge) o ato a ser praticado e desde que, pelo regime do casamento, a indenização, de algum modo, venha a recair sobre seus bens (do cônjuge).

Ainda para Sílvio Venosa (2022a, p. 151), é possível identificar três modalidades de promessa de fato de terceiro, a saber:

> (a) o estipulante promete que o terceiro ratificará o contrato, mas não garante o cumprimento do contrato pelo terceiro; (b) o estipulante promete que o terceiro não somente ratificará o contrato como irá cumpri-lo. Nesse caso, o estipulante passa a garantir o cumprimento do contrato, tal como um fiador, podendo ser responsabilizado por perdas e danos; e (c) o estipulante promete envidar os melhores esforços para obter a ratificação por parte do terceiro. Nesse caso, somente poderá ser responsabilizado se não agiu devidamente para obter a participação do terceiro. Nos dois primeiros casos, o estipulante assume uma obrigação de resultado e, o último, uma obrigação de meio. Apenas a segunda hipótese, quando é garantida a participação do terceiro, configura o tipo descrito no art. 439. Nas outras situações, como regra, o estipulante não assume obrigação pela participação do terceiro indicado e eventual indenização dependerá do exame do caso concreto e da interpretação do negócio. Lembre que estamos em sede de autonomia da vontade.

Por fim, nenhuma obrigação haverá para quem se comprometer por outrem, se este, depois de se ter obrigado, faltar à prestação.

### 5.4.3 Contrato com pessoa a declarar

O contrato com pessoa a declarar está disciplinado nos arts. 467 a 471 do Código Civil. Essa modalidade refere-se a um negócio jurídico bilateral, em que as partes manifestam a vontade de contratar, sendo um dos contratantes o responsável, no período de cinco dias ou outro prazo estipulado, por indicar um terceiro para ingressar na relação contratual, conforme prevê o art. 467: "No momento da conclusão do contrato, pode uma das partes reservar-se a faculdade de indicar a pessoa que deve adquirir os direitos e assumir as obrigações dele decorrentes" (Brasil, 2002).

Um contrato com pessoa a declarar é regra em que uma das partes se compromete a realizar determinada ação, desde que uma terceira pessoa (que ainda não foi identificada) também concorde em realizar sua parte do contrato. Configura-se uma condição suspensiva, em que a obrigação de uma das partes só é válida se a terceira pessoa declarar seu acordo com o contrato. Essa modalidade difere do contrato bilateral, no qual as duas partes se comprometem a cumprir suas obrigações independentemente das ações de terceiros.

Para Arnaldo Rizzardo (2022, p. 190), "trata-se do contrato que permite a indicação de pessoa, como titular para o recebimento dos direitos e assumir obrigações ainda pendentes, diferente da que aparece na posição de celebrante inicial". Com relação ao prazo supramencionado, ele está previsto no art. 468: "Essa indicação deve ser comunicada à outra parte no prazo de cinco dias da conclusão do contrato, se outro não tiver sido estipulado" (Brasil, 2002).

Nessa contratação, o terceiro é aquele que não apresenta interesse em participar desde o início da contratação, somente após. Por conseguinte, o terceiro, concordando em integrar, adquire os direitos e assume as obrigações decorrentes do contrato de modo retroativo, de modo que substituirá uma das partes, como se verifica pelo texto legal: "Art. 469. A pessoa, nomeada de conformidade com os artigos antecedentes, adquire os direitos e assume as obrigações decorrentes do contrato, a partir do momento em que este foi celebrado" (Brasil, 2002).

O contrato, conforme mencionado nos arts. 470 e 471 do Código Civil, continuará a vincular somente as partes originárias nas seguintes hipótese: (a) se não houver a indicação no prazo correto; (b) se o terceiro não aceitar a nomeação; (c) se a pessoa indicada for insolvente e a outra parte desconhecia o fato e se o nomeado for incapaz no momento da indicação.

A respeito do tema, Orlando Gomes (2022, p. 197) preleciona:

> Trata-se de contrato no qual se introduz a cláusula especial *pro amico eligendo* ou *pro amico electo*, pela qual uma das partes se reserva a faculdade de nomear quem assuma a posição de contratante. A pessoa designada toma, na relação contratual, o lugar da parte que a nomeou, tal como se ela própria houvesse celebrado o contrato. O designante sai da relação sem deixar vestígios. Em suma, o contraente *in proprio* nomeia terceiro titular do contrato.

Pablo Stolze Gagliano e Rodolfo Pamplona Filho (2021) explicam que o contrato com pessoa a declarar é diferente da cessão de posição contratual. No contrato com pessoa a declarar, a possibilidade de indicação de uma terceira pessoa já está prevista no contrato desde o início, ao passo que, na cessão de posição contratual, a transferência da posição contratual para um terceiro é realizada depois da celebração do contrato original e geralmente não está prevista neste. Afirmam os autores que

> Não se deve confundir o contrato com pessoa a declarar com a figura jurídica da cessão de posição contratual. Sobre essa modalidade de cessão, também denominada cessão do contrato, já vimos que "é instituto jurídico conhecido da doutrina que, surpreendentemente, não mereceu a devida atenção no Código Civil de 2002. Diferentemente do que ocorre na cessão de crédito ou de débito, neste caso, o cedente transfere a sua própria posição contratual (compreendendo créditos e débitos) a um terceiro (cessionário), que passará a substituí-lo na relação jurídica originária". Os institutos não devem ser confundidos, visto que, no contrato com pessoa a declarar, a faculdade de indicação já vem prevista originariamente, podendo, inclusive, nunca ser exercida; na cessão da posição de contrato, por sua vez, não ocorre necessariamente estipulação prévia da faculdade de substituição. Assim, o terceiro, embora não vinculado originariamente à relação contratual, poderá experimentar os seus efeitos, caso aceite a nomeação indicada. Observa-se, portanto, nesse caso, que o espectro eficacial do negócio jurídico firmado entre os contraentes iniciais incidirá em sua órbita jurídica de atuação, mitigando-se, dessa forma, o princípio da relatividade dos efeitos do contrato. (Gagliano; Pamplona Filho, 2021, p. 57)

## Para saber mais

Sobre contrato preliminar, consulte a obra a seguir:

GAGLIANO, P. S.; PAMPLONA FILHO, R. M. V. **Novo curso de direito civil**: contratos. 4. ed. São Paulo: Saraiva, 2021. v. 4.

Saiba mais a respeito da evicção com esta leitura:

GONÇALVES, C. R. **Direito civil brasileiro**. 19. ed. São Paulo: Saraiva, 2022. v. 3.

Consulte a obra a seguir indicada para ampliar seus conhecimentos sobre vícios redibitórios:

PEREIRA, C. M. da S. **Instituições de direito civil**. Rio de Janeiro: Forense, 2020. v. 3.

A respeito dos efeitos contratuais com relação a terceiros, leia o seguinte livro:

GOMES, O. **Contratos**. Rio de Janeiro: Forense, 2021.

## Síntese

O contrato preliminar, também conhecido como *contrato de promessa*, é um acordo celebrado entre as partes antes da formalização do contrato principal. Ele estabelece as condições para a celebração do contrato principal e é um compromisso de que esse contrato definitivo será celebrado no futuro. Embora seja um contrato completo, as partes se comprometem a formalizar outro contrato que será considerado o principal. Essa modalidade de contrato difere das negociações preliminares, que são apenas sondagens e conversas antes da formação de um acordo de vontades.

O contrato preliminar deve conter todos os requisitos essenciais do contrato definitivo, conforme estabelecido pelo art. 462 do Código Civil. Geralmente, ele é irrevogável, ou seja, não pode ser desfeito, a menos que haja uma cláusula de arrependimento expressa no contrato, conforme previsto no art. 463 do Código Civil.

Quanto ao registro do contrato preliminar, anteriormente havia controvérsias sobre a necessidade de registrá-lo em cartório de Registro de Títulos e Documentos. No entanto, atualmente, entende-se que o registro é necessário apenas para tornar a existência do contrato preliminar conhecida por terceiros, conforme estabelecido na Súmula n. 239 do STJ.

No que diz respeito à evicção, trata-se da perda de bens em razão de decisões judiciais ou processos administrativos que transferem esses bens para outra pessoa com base em motivos legais preexistentes. Isso está fundamentado no princípio da garantia, especificamente na garantia de direito. O vendedor é responsável pela evicção, mesmo que a aquisição tenha ocorrido em leilão público.

Os vícios redibitórios são defeitos ocultos em um objeto de compra e venda, doação onerosa ou contrato comutativo que o tornam impróprio para o uso pretendido ou diminuem significativamente seu valor. O adquirente tem o direito de rescindir o contrato ou obter um abatimento no preço quando há vício redibitório. Entretanto, existem requisitos legais para isso, como a existência de vícios graves, a preexistência do defeito e a ocultação do defeito no momento da contratação, conforme previsto no art. 441 do Código Civil.

Além disso, o vendedor é garantidor da qualidade do bem adquirido e deve ressarcir o adquirente em caso de vício.

Existem prazos legais para exercer esse direito, como 30 dias para bens móveis e um ano para bens imóveis, contados a partir da entrega efetiva. No caso de vícios ocultos, o prazo começa a contar a partir do momento em que o defeito é descoberto, com um limite de 180 dias para bens móveis e um ano para bens imóveis.

Em resumo, o contrato preliminar é um acordo que antecede a formalização do contrato principal, a evicção é a perda de bens por motivos legais preexistentes, e os vícios redibitórios são defeitos ocultos que podem levar à rescisão do contrato ou a um abatimento no preço. O vendedor é responsável pela qualidade do bem e existem prazos legais para exercer os direitos relacionados a vícios.

## Questões para revisão

1) O que é um contrato preliminar?

   a. Um contrato que formaliza diretamente as obrigações das partes.
   b. Um contrato que antecede a formalização do contrato principal e estabelece suas condições.
   c. Um contrato que só pode ser desfeito por meio de ação judicial.
   d. Um contrato que não precisa conter todos os requisitos essenciais do contrato definitivo.

2) O que é evicção?

   a. A perda de bens em virtude de fatores climáticos.

b. A perda de bens em razão de decisões judiciais ou processos administrativos baseados em motivos legais preexistentes.
c. A perda de bens em virtude de danos acidentais.
d. A perda de bens em razão da inadimplência do comprador.

3) O que são vícios redibitórios em um contrato de compra e venda?

a. São defeitos visíveis no objeto da compra.
b. São defeitos que não têm relevância legal.
c. São defeitos ocultos no objeto da compra que o tornam impróprio para o uso pretendido ou diminuem significativamente seu valor.
d. São defeitos que não dão ao adquirente o direito de rescindir o contrato.

4) Explique o que é um contrato preliminar e qual é sua finalidade no contexto das negociações contratuais. Cite um exemplo hipotético de situação em que um contrato preliminar pode ser utilizado.

5) Explique o que são vícios redibitórios em um contrato de compra e venda e quais são os requisitos legais para que o adquirente possa acionar esse mecanismo. Além disso, mencione o prazo para exercer os direitos relacionados aos vícios redibitórios em bens móveis e imóveis.

## Questões para reflexão

1) Explique detalhadamente o que é um contrato preliminar, destacando sua finalidade e as principais diferenças entre um contrato preliminar e as negociações preliminares.

Em que situações esse tipo de contrato é mais comumente utilizado?

2) O contrato preliminar é considerado irrevogável, a menos que contenha uma cláusula de arrependimento expressa. Explique o significado dessa característica e a forma como impacta as partes envolvidas. Quando é aconselhável incluir uma cláusula de arrependimento em um contrato preliminar?

3) Com relação ao registro do contrato preliminar, por que havia controvérsias sobre a necessidade de registrá-lo em cartório de Registro de Títulos e Documentos no passado? Como a Súmula n. 239 do Superior Tribunal de Justiça (STJ) esclareceu essa questão? Quais são os benefícios do registro?

4) Explique o conceito de evicção em contratos e quem é responsável por ela, mesmo em casos de aquisição em leilão público. Como a evicção está relacionada ao princípio da garantia? Dê um exemplo hipotético de situação que envolva evicção.

5) Quais são os vícios redibitórios em um contrato de compra e venda e quais são os requisitos legais para que o adquirente possa acionar esse mecanismo? Explique o papel do vendedor como garantidor da qualidade do bem adquirido e os prazos legais para o exercício dos direitos relacionados a vícios redibitórios em bens móveis e imóveis.

# VI

## Conteúdos do capítulo:

» Extinção do contrato pelo cumprimento da obrigação.
» Extinção do contrato sem cumprimento da obrigação por causas anteriores ou contemporâneas à formação do contrato.
» Extinção do contrato sem cumprimento da obrigação por causas supervenientes à formação do contrato.
» Rescisão do vínculo contratual e extinção por morte dos contratantes.
» Exceção de contrato não cumprido.

## Após o estudo deste capítulo, você será capaz de:

1. compreender as formas pelas quais os contratos podem ser extintos;
2. identificar os efeitos da extinção dos contratos;
3. compreender a exceção de contrato não cumprido.

Extinção dos contratos

Como vimos anteriormente, o contrato é um processo complexo, que se desenvolve em várias fases: negociações preliminares, proposta e aceitação. Mas há ainda a fase da extinção do contrato e seus efeitos. Cabe então analisar as formas de extinção do contrato e seus efeitos, até porque existem responsabilidades entre as partes que podem estender-se para além do momento de cumprimento das obrigações contratuais.

A extinção do contrato pode acontecer por várias razões, que podem envolver o cumprimento da obrigação e a manifestação de vontade das partes. É possível sistematizar as formas de extinção dos contratos da seguinte maneira: (a) extinção pelo cumprimento da obrigação; (b) extinção sem cumprimento por causas anteriores ou contemporâneas à formação do contrato; (c) extinção sem cumprimento por causas supervenientes à formação do contrato; e (d) extinção pela morte de um dos contratantes.

## 6.1 Pelo cumprimento da obrigação

Em regra, a extinção contratual acontece pela execução, pelo cumprimento da prestação, que libera o devedor e satisfaz o credor. Segundo Carlos Roberto Gonçalves (2023, p. 193),

> A extinção dá-se, em regra, pela execução, seja instantânea, diferida ou continuada. O cumprimento da prestação libera o devedor e satisfaz o credor. Este é o meio normal de extinção do contrato. Comprova-se o pagamento pela quitação fornecida pelo credor, observados os requisitos exigidos no art. 320 do Código Civil, que assim dispõe: "A quitação, que sempre poderá ser dada por instrumento particular, designará o valor e a espécie da dívida quitada, o nome do devedor, ou quem por

este pagou, o tempo e o lugar do pagamento, com a assinatura do credor, ou do seu representante". Acrescenta o parágrafo único que, "ainda sem os requisitos estabelecidos neste artigo valerá a quitação, se de seus termos ou das circunstâncias resultar haver sido paga a dívida".

Contudo, veremos a seguir que existem outras formas de extinção do contrato.

## 6.2 Sem cumprimento da obrigação por causas anteriores ou contemporâneas à formação do contrato

No caso de extinção sem cumprimento da obrigação por causas anteriores ou contemporâneas à formação do contrato, existem as seguintes hipóteses: (a) nulidades absolutas; (b) nulidades relativas; (c) cláusulas resolutivas; (d) cláusulas de arrependimento; e (e) redibição.

### 6.2.1 Nulidades absolutas e nulidades relativas

O Código Civil, ao sistematizar os negócios jurídicos, trata de nulidades absolutas e relativas, e o grau da nulidade diz respeito ao tipo de norma violada, se de ordem pública ou se protetora de interesses privados. O diploma legal estabelece a distinção entre nulidades absolutas e relativas. As **nulidades absolutas** são aquelas que decorrem da violação de normas de ordem pública e são consideradas mais graves, pois afetam a segurança jurídica e a ordem pública. Já as **nulidades relativas** decorrem da violação de normas protetoras de interesses privados e são menos graves. O art. 166 do Código Civil regulamenta as nulidades absolutas, as quais devem ser declaradas de ofício pelo juiz.

Para o legislador, portanto, as nulidades absolutas acontecem quando violadas regras de ordem pública. Vale transcrever, neste ponto, o disposto no art. 166 do Código Civil:

> Art. 166. É nulo o negócio jurídico quando:
>
> I – celebrado por pessoa absolutamente incapaz;
>
> II – for ilícito, impossível ou indeterminável o seu objeto;
>
> III – o motivo determinante, comum a ambas as partes, for ilícito;
>
> IV – não revestir a forma prescrita em lei;
>
> V – for preterida alguma solenidade que a lei considere essencial para a sua validade;
>
> VI – tiver por objetivo fraudar lei imperativa;
>
> VII – a lei taxativamente o declarar nulo, ou proibir-lhe a prática, sem cominar sanção. (Brasil, 2002)

Pablo Stolze Gagliano e Rodolfo Pamplona Filho (2021, p. 88) esclarecem:

> A ocorrência de nulidade – seja absoluta, seja relativa – no negócio jurídico contratual é uma típica hipótese que pode ser anterior à própria celebração, mas que a contamina de tal forma, que impossibilita a produção válida de efeitos. Conforme outrora já explicitamos, entendemos que a nulidade "se caracteriza como uma sanção pela ofensa a determinados requisitos legais, não devendo produzir efeito jurídico, em função do defeito que carrega em seu âmago. Como sanção pelo descumprimento dos pressupostos de validade do negócio jurídico, o Direito admite, e em certos casos impõe, o reconhecimento da declaração de nulidade, objetivando restituir a normalidade e a segurança das relações sociojurídicas".

Esta nulidade sofre gradações, de acordo com o tipo de elemento violado, podendo ser absoluta ou relativa, na medida em que decorra da infringência de normas de ordem pública ou de normas jurídicas protetoras de interesses preponderantemente privados. O importante a destacar, porém, é que, partindo do pressuposto que o negócio efetivamente existiu, a sua extinção se dá pelo reconhecimento judicial da nulidade e anulabilidade, desfazendo-se qualquer vínculo contratual existente entre as partes.

No tocante às nulidades relativas ou anulabilidades, os arts. 177 e 178 do Código Civil assim dispõem:

Art. 177. A anulabilidade não tem efeito antes de julgada por sentença, nem se pronuncia de ofício; só os interessados a podem alegar, e aproveita exclusivamente aos que a alegarem, salvo o caso de solidariedade ou indivisibilidade.

Art. 178. É de quatro anos o prazo de decadência para pleitear-se a anulação do negócio jurídico, contado:

I – no caso de coação, do dia em que ela cessar;

II – no de erro, dolo, fraude contra credores, estado de perigo ou lesão, do dia em que se realizou o negócio jurídico;

III – no de atos de incapazes, do dia em que cessar a incapacidade. (Brasil, 2002)

Orlando Gomes (2012) procura examinar a questão dogmaticamente e diferenciar o negócio nulo do negócio inexistente, admitindo a existência teórica das duas categorias distintas, mas concluindo por afirmar sua inutilidade do ponto de vista prático.

O referido doutrinador salienta que a falta do objeto pode ser considerada causa de nulidade, e a falta da vontade pode ser até mesmo causa de anulabilidade, e não de inexistência, como procuram enfatizar os que pugnam pela diferenciação, formulando ainda crítica veemente à construção diferencial, alegando que, do ponto de vista prático, pouco importa que a invalidade do negócio jurídico seja natural ou legal (Gomes, 2012).

No entanto, a melhor sistematização do problema é situar as diferentes questões nos diversos planos do ordenamento jurídico, em um raciocínio que, em sua essência, é simples: é necessário que o evento exista; existindo, verificar-se-á se é válido; sendo válido, a análise subsequente será quanto à produção de seus típicos efeitos.

Como vemos, são três planos distintos – existência, validade e eficácia –, dentro dos quais cabe a análise dos eventos (fatos, atos e negócios) jurídicos, que refletem também momentos diversos para sua verificação. Carlos Roberto Gonçalves (2023, p. 77) explica que "a nulidade absoluta decorre de ausência de elemento essencial do ato, com transgressão a preceito de ordem pública, impedindo que o contrato produza efeitos desde a sua formação (*ex tunc*)".

A nulidade relativa ou anulabilidade resulta da imperfeição na manifestação da vontade e, novamente nas palavras de Carlos Roberto Gonçalves (2023, p. 77),

> A anulabilidade advém da imperfeição da vontade: ou porque emanada de um relativamente incapaz não assistido (prejudicando o interesse particular de pessoa que o legislador quis proteger), ou porque contém algum dos vícios do consentimento, como erro, dolo, coação etc. Como pode ser sanada e até mesmo não arguida no prazo prescricional, não extinguirá o contrato enquanto não se mover ação que a decrete, sendo *ex nunc* os efeitos da

sentença. Malgrado também contenha vício congênito, é eficaz até sua decretação pelo juiz.

A anulabilidade, diversamente da nulidade, não pode ser arguida por ambas as partes da relação contratual, nem declarada *ex officio* pelo juiz. Legitimado a pleitear a anulação está somente o contraente em cujo interesse foi estabelecida a regra (CC, art. 177). Tratando-se apenas de proteger o interesse do incapaz, do lesado, do enganado ou do ameaçado, só a estes – e, nos casos de incapacidade, devidamente assistidos por seu representante legal – cabe decidir se pedem ou não a anulação.

De todo modo, havendo o reconhecimento da nulidade ou da anulabilidade, o resultado será a extinção do negócio jurídico.

## 6.2.2 Cláusula resolutiva e inadimplemento

A cláusula resolutiva está intrinsecamente relacionada à ideia de inadimplemento. As partes podem pedir a resolução do contrato no caso de descumprimento pela outra parte das obrigações contratadas. Trata-se de elemento acidental do contrato, não obrigatório, não essencial, portanto, para a formação do negócio. A cláusula resolutiva, porém, pode estar expressamente estipulada contratualmente ou decorrer de presunção legal.

A cláusula resolutiva será expressa quando prevista contratualmente, sendo chamada também de *pacto comissório expresso*. Na ausência de estipulação, esse pacto é presumido pela lei, que subentende que ninguém é obrigado a manter-se vinculado a um contrato diante do inadimplemento pelo outro. O Código Civil trata da cláusula resolutiva nestes termos:

Art. 474. A cláusula resolutiva expressa opera de pleno direito; a tácita depende de interpelação judicial.

Art. 475. A parte lesada pelo inadimplemento pode pedir a resolução do contrato, se não preferir exigir-lhe o cumprimento, cabendo, em qualquer dos casos, indenização por perdas e danos. (Brasil, 2002)

A produção de efeitos no caso de cláusula expressa independe da propositura de demanda judicial. A Quarta Turma do Superior Tribunal de Justiça (STJ) no REsp n. 1.789.863-MS decidiu que, havendo cláusula com previsão expressa de resolução contratual por falta de pagamento, resta autorizado o ajuizamento de ação possessória:

RECURSO ESPECIAL – AÇÃO DE REINTEGRAÇÃO DE POSSE – COMPROMISSO DE COMPRA E VENDA DE IMÓVEL RURAL COM CLÁUSULA DE RESOLUÇÃO EXPRESSA – INADIMPLEMENTO DO COMPROMISSÁRIO COMPRADOR QUE NÃO EFETUOU O PAGAMENTO DAS PRESTAÇÕES AJUSTADAS – MORA COMPROVADA POR NOTIFICAÇÃO EXTRAJUDICIAL E DECURSO DO PRAZO PARA A PURGAÇÃO – INSTÂNCIAS ORDINÁRIAS QUE JULGARAM PROCEDENTE O PEDIDO REINTEGRATÓRIO REPUTANDO DESNECESSÁRIO O PRÉVIO AJUIZAMENTO DE DEMANDA JUDICIAL PARA A RESOLUÇÃO CONTRATUAL – INSURGÊNCIA DO DEVEDOR – RECLAMO DESPROVIDO.

Controvérsia: possibilidade de manejo de ação possessória fundada em cláusula resolutiva expressa decorrente de inadimplemento de contrato de compromisso de compra e venda imobiliária, sem que tenha sido ajuizada, de modo prévio ou concomitante, demanda judicial objetivando rescindir o ajuste firmado.

[...]

III. Inexiste óbice para a aplicação de cláusula resolutiva expressa em contratos de compromisso de compra e venda, porquanto, após notificado/interpelado o compromissário comprador inadimplente (devedor) e decorrido o prazo sem a purgação da mora, abre-se ao compromissário vendedor a faculdade de exercer o direito potestativo concedido pela cláusula resolutiva expressa para a resolução da relação jurídica extrajudicialmente.
IV. Impor à parte prejudicada o ajuizamento de demanda judicial para obter a resolução do contrato quando esse estabelece em seu favor a garantia de cláusula resolutória expressa, é impingir-lhe ônus demasiado e obrigação contrária ao texto expresso da lei, desprestigiando o princípio da autonomia da vontade, da não intervenção do Estado nas relações negociais, criando obrigação que refoge o texto da lei e a verdadeira intenção legislativa.
[...] (Brasil, 2021)

## 6.2.3 Cláusula de arrependimento

A cláusula de arrependimento está presente quando os contratantes a estabelecem no corpo do contrato. Lembra Flávio Tartuce (2022, p. 284) "que o negócio será extinto, mediante declaração unilateral de vontade, se qualquer um deles se arrepender". Ainda conforme o autor,

> Com a inserção dessa cláusula já existe uma intenção presumida e eventual de aniquilar o negócio, sendo assegurado um direito potestativo à extinção para a parte contratual. Esse direito de arrependimento, de origem contratual, não se confunde com o direito de arrependimento de origem legal previsto, por exemplo, no art. 49 do CDC, pelo qual, para as vendas realizadas fora do

estabelecimento comercial, o consumidor tem um prazo de arrependimento de sete dias, a contar da assinatura do contrato ou do ato de recebimento do produto. Frise-se que são exemplos de vendas realizadas fora do estabelecimento comercial aquelas realizadas pela internet ou por catálogo. (Tartuce, 2022, p. 284)

No caso do exercício do direito de arrependimento, sujeita-se a parte à perda do sinal do negócio ou à sua devolução em dobro, nos termos do art. 418 do Código Civil:

> Art. 418. Se a parte que deu as arras não executar o contrato, poderá a outra tê-lo por desfeito, retendo-as; se a inexecução for de quem recebeu as arras, poderá quem as deu haver o contrato por desfeito, e exigir sua devolução mais o equivalente, com atualização monetária segundo índices oficiais regularmente estabelecidos, juros e honorários de advogado. (Brasil, 2002)

O arrependimento deve ser exercido no prazo estabelecido contratualmente ou antes da execução do contrato. Dada a excepcionalidade de tal medida, parece-nos razoável afirmar que tal direito somente pode ser reconhecido se previsto expressamente, em respeito ao princípio da autonomia da vontade.

Para tais situações, podem as partes estabelecer arras penitenciais, na forma prevista no art. 420 do Código Civil, *in verbis*:

> Art. 420. Se no contrato for estipulado o direito de arrependimento para qualquer das partes, as arras ou sinal terão função unicamente indenizatória. Neste caso, quem as deu perdê-las-á em benefício da outra parte; e quem as recebeu devolvê-las-á, mais o equivalente. Em ambos os casos não haverá direito a indenização suplementar. (Brasil, 2002)

Carlos Roberto Gonçalves (2023, p. 80) observa que

> O Código de Defesa do Consumidor concede a este o direito de desistir do contrato, no prazo de sete dias, sempre que a contratação se der fora do estabelecimento comercial, especialmente quando por telefone ou em domicílio, com direito de devolução do que pagou, sem obrigação de indenizar perdas e danos (art. 49). Trata-se de caso especial de arrependimento, com desfazimento do contrato por ato unilateral do consumidor. O fundamento encontra-se na presunção de que, por ter sido realizado fora do estabelecimento comercial, o contrato não foi celebrado com a reflexão necessária.

## 6.2.4 Redibição

A extinção do contrato por redibição acontece quando, na presença de vício redibitório, o comprador pede a resolução do contrato com a devolução dos valores pagos. Lembre-se de que, quando estudamos os vícios redibitórios, vimos que o comprador poderá exigir ou a extinção do contrato e a restituição dos valores pagos, ou um abatimento no preço. É possível, no caso, a propositura das ações *quanti minoris* ou redibitória, ambas chamadas de *ações edilícias*.

Recordemos que os vícios redibitórios estão previstos no Código Civil e que, nos termos do art. 441, a coisa recebida em virtude de contrato comutativo pode ser enjeitada por vícios ou defeitos ocultos que a tornem imprópria para o uso a que é destinada ou lhe diminuam o valor. O art. 442, por sua vez, determina que a parte poderá pedir o abatimento do preço.

## 6.3 Sem cumprimento da obrigação por causas supervenientes à formação do contrato

Neste ponto, trataremos das formas de extinção do contrato sem cumprimento por causas supervenientes à sua formação, sendo a principal delas a resolução. A resolução do contrato é uma das hipóteses de extinção do contrato, que ocorre quando um dos contratantes não cumpre ou impede a execução da prestação avençada. Isso pode ocorrer por diversas razões, como mudanças nas circunstâncias, eventos imprevisíveis ou incumprimento voluntário. A resolução tem como objetivo pôr fim ao contrato e permitir que as partes encerrem suas obrigações e responsabilidades.

### 6.3.1 Resolução do contrato por inadimplemento

A resolução é a extinção do contrato provocada pelo descumprimento (ou inadimplemento) das obrigações estipuladas no contrato e resulta da cláusula resolutiva expressa ou tácita. Notemos que o inadimplemento ou a inexecução de obrigação pode ser voluntária ou involuntária.

A **inexecução voluntária** decorre de conduta culposa de um dos contratantes, resultando em prejuízos ao outro, sujeitando o inadimplente ao pagamento de perdas e danos. Nesse caso, a inexecução produz efeitos *ex tunc*, pois se extingue o que foi executado e as partes se obrigam a restituições recíprocas. Também há responsabilização por perdas e danos e pode-se exigir o cumprimento da cláusula penal que eventualmente tenha sido convencionada entre as partes. Cabe apenas ressaltar que, se o contrato for de trato sucessivo, a resolução não produzirá efeitos pretéritos e, portanto, não haverá restituição dos valores já executados (efeito *ex nunc*). É nesse sentido a redação do art. 389 do Código Civil: "não cumprida a obrigação, responde o devedor por perdas e danos, mais juros e atualização monetária segundo índices oficiais regularmente estabelecidos, e honorários de advogado" (Brasil, 2002).

A resolução nessas hipóteses pressupõe inadimplemento, ilicitude, culpa, dano e nexo de causalidade entre o fato e o prejuízo.

Já a **inexecução involuntária** tem seus efeitos previstos no art. 393 do Código Civil: "O devedor não responde pelos prejuízos resultantes de caso fortuito ou força maior, se expressamente não se houver por eles responsabilizado. Parágrafo único. O caso fortuito ou de força maior verifica-se no fato necessário, cujos efeitos não era possível evitar ou impedir" (Brasil, 2002).

A inexecução involuntária decorre, portanto, de fatos inevitáveis, chamados de *caso fortuito* ou *força maior*, que tornam impossível o cumprimento das obrigações contratadas. A impossibilidade deve referir-se ao objeto do contrato, e o inadimplente, nesse caso, não responde por perdas e danos, salvo se expressamente tenha contratualmente se obrigado ou se estiver em mora.

## 6.3.2 Onerosidade excessiva

A onerosidade excessiva que resulte de acontecimento extraordinário e imprevisível poderá gerar a resolução do contrato. É o que preconiza o Código Civil em seu art. 478:

> Art. 478. Nos contratos de execução continuada ou diferida, se a prestação de uma das partes se tornar excessivamente onerosa, com extrema vantagem para a outra,

em virtude de acontecimentos extraordinários e imprevisíveis, poderá o devedor pedir a resolução do contrato. Os efeitos da sentença que a decretar retroagirão à data da citação. (Brasil, 2002)

A resolução por onerosidade excessiva é uma forma de extinção de contrato que permite que ambas as partes, tanto o devedor quanto o credor, solicitem a extinção do contrato em razão de uma mudança substancial e imprevisível nas condições contratuais que torne o cumprimento do contrato excessivamente oneroso para uma das partes. A ação de resolução por inadimplemento contratual pressupõe que o credor já perdeu o interesse pelo cumprimento do contrato em virtude do não cumprimento do devedor.

A resolução por onerosidade excessiva se assemelha ao caso fortuito ou força maior, pois ambos os casos envolvem eventos futuros e incertos que impedem o cumprimento do contrato. No entanto, existem diferenças fundamentais entre essas duas situações. Enquanto o caso fortuito ou força maior impede, de maneira absoluta, a execução do contrato (*impossibilitas praestandi*), a resolução por onerosidade excessiva determina apenas uma dificuldade, não exigindo, para sua aplicação, a impossibilidade absoluta, e sim a excessiva onerosidade. Além disso, na resolução por onerosidade excessiva, a resolução pode ser evitada se a outra parte se oferecer para modificar equitativamente as condições do contrato. Já no caso fortuito ou força maior, o contrato é necessariamente extinto em decorrência da impossibilidade absoluta de cumprimento das obrigações contraídas.

O princípio da resolução dos contratos por onerosidade excessiva não se aplica aos contratos aleatórios, porque estes envolvem um risco, sendo ínsitas a eles a álea e a influência do acaso, salvo se o imprevisível decorrer de fatores estranhos ao risco próprio do contrato.

Para compreender o conceito de onerosidade excessiva, cabe considerar o entendimento do STJ no Recurso Especial n. 447.336-SP:

> A onerosidade excessiva deriva exatamente de um fato objetivo, qual seja, a existência ou não de desproporção econômica entre a prestação da arrendadora e contraprestação ofertada pelo arrendatário. [...]
>
> Se o desequilíbrio contratual – fato objetivo que é – é o quanto basta para a intervenção judicial, não influi na hipótese a análise de fatos subjetivos, tais como a capacidade econômico-financeira do arrendatário ou a data específica em que foi proposta a demanda, se 1 mês, 6 meses ou 2 anos após a ocorrência do fato causador do desequilíbrio. (Brasil, 2003)

Contudo, embora o princípio *pacta sunt servanda* seja fundamental para a segurança nos negócios e para qualquer organização social, pois garante que as partes cumprirão as obrigações firmadas, a mudança nas circunstâncias contratadas pode tornar o cumprimento do contrato excessivamente oneroso para uma das partes, causando uma quebra insuportável da equivalência. Nessas situações, o contrato não precisa necessariamente ser resolvido, pois é possível sua revisão. O princípio da revisão dos contratos por onerosidade excessiva permite que as partes recorram ao Judiciário para obter a alteração das condições do contrato, tornando-o mais equitativo e humano.

A necessidade de tutela contratual de legítimas expectativas, de modo a afastar o abuso e a lesão nos contratos, justifica a possibilidade de revisão dos pactos em geral para a manutenção do equilíbrio, já privilegiada pela cláusula *rebus sic stantibus*. O Código Civil brasileiro, em seu art. 317, determina a possibilidade de revisão do contrato por conta de fato superveniente imprevisível no momento da contratação, configurando-se, então, a cláusula *rebus sic stantibus*. A teoria de revisão contratual adotada pelo Código Civil é a da onerosidade excessiva baseada na imprevisão. Essa teoria permite que uma parte possa pedir a revisão do contrato quando uma das partes se beneficia excessivamente em relação à outra, causando onerosidade excessiva.

Sobre a cláusula *rebus sic stantibus*, Flávio Tartuce (2023, p. 202) afirma que

> os pactos de execução continuada e dependentes do futuro entendem-se como se as coisas permanecessem como quando da celebração. Em outras palavras, o contrato só pode permanecer como está se assim permanecerem os fatos. Tal cláusula (rebus sic stantibus) consagra a teoria da imprevisão, usual em nossas páginas de doutrina e corriqueira nos julgados de nossos Tribunais.

Vale transcrever também a lição de Pablo Stolze Gangliano e Rodolfo Pamplona Filho (2021, p. 99):

> Já a expressão "Cláusula Rebus Sic Stantibus" remonta, como visto, a tempos imemoriais. Mesmo sendo, em verdade, bastante anterior cronologicamente à concepção da Teoria da Imprevisão, sua finalidade acaba por se revelar uma aplicação dela, no reconhecimento pretoriano no sentido de que, em todo contrato de prestações sucessivas, haverá sempre uma cláusula implícita de que a convenção não permanece em vigor se as coisas não permanecerem (rebus sic stantibus) como eram no momento da celebração. Tal construção teórica, inclusive, foi uma das responsáveis pela consagração jurisprudencial

da correção monetária no país, ainda na época em que o texto codificado prestigiava o nominalismo.

Há relação estreita entre a cláusula *rebus sic stantibus* e a teoria da imprevisão, mas elas não podem ser consideradas como um mesmo conceito. Ambas se referem às alterações no contrato após sua conclusão, que podem deixar uma das partes em situação de onerosidade e gerar desequilíbrio contratual, mas apresentam diferenças importantes. A cláusula *rebus sic stantibus* originalmente tratava da possibilidade de rescisão do contrato em virtude de fatos novos e imprevisíveis, enquanto a teoria da imprevisão apenas admite a rescisão do contrato se não for possível obter o equilíbrio original com a revisão das obrigações contratuais. Além disso, a teoria da imprevisão requer que o evento que gera o desequilíbrio não possa ter sido previsto, o que não é uma exigência para a cláusula *rebus sic stantibus*.

Por fim, enquanto parece que a teoria da imprevisão precisa de determinação legal para sua aplicação, a cláusula *rebus sic stantibus* se apresenta como princípio geral do direito contratual. A teoria da imprevisão seria, então, a versão moderna da cláusula *rebus sic stantibus*.

De fato, várias foram as teorias surgidas para tentar adaptar a teoria contratual ao entendimento de que a alteração das circunstâncias contratuais merece guarida. Sobre o tema, Luis Renato Ferreira da Silva (1998) afirma a existência de dois grupos de teorias: (i) aquelas com caráter mais subjetivo e voluntarista, as quais acabaram por originar uma versão moderna da teoria da imprevisão, que é a onerosidade excessiva prevista no Código Civil italiano e acolhida pelo Código Civil brasileiro em vigor; e (ii) aquelas de cunho objetivo, das quais nasce a teoria da quebra da base objetiva do negócio, com fundamento na doutrina alemã e que, para o autor, teria sido parcialmente acolhida pelo Código de Defesa do Consumidor brasileiro. Segundo Bruno Miragem (2006), a primeira teoria revisionista foi a teoria da imprevisão, a qual se desenvolveu na França no início do século XX, a partir do caso da Companhia de Gás de Bordeaux, e que é aceita no ordenamento jurídico brasileiro.

A cláusula *rebus sic stantibus* se traduz justamente pela ideia de que a relação contratual, ainda que seja dinâmica e prolongada no tempo, deve manter-se equilibrada, com a proteção do estado de fato existente no momento da contratação, mantendo-se, dessa forma, o equilíbrio da contratação. A manutenção do contrato, portanto, apenas se justifica em situações de equilíbrio, o que nos contratos de longa duração pode tornar-se uma tarefa difícil, já que, em função do tempo, o equilíbrio pode deixar de existir.

Apesar de não ter merecido ampla acolhida no Código Civil de 1916, a teoria da imprevisão foi recebida pelo Código Civil de 2002, em seu art. 317, e determina a possibilidade de revisão do contrato, por conta de fato superveniente imprevisível no momento da contratação, estabelecendo-se, então, a cláusula *rebus sic stantibus*. A respeito da teoria da imprevisão, explica Laertes Marrone de Castro Sampaio (2003, p. 149):

> Difundida nos espaços jurídicos francês e italiano, a Teoria da Imprevisão, em suas linhas gerais, pode assim ser sintetizada: a) aplica-se aos contratos de trato sucessivo, execução continuada ou diferida (excluindo-se os de cumprimento instantâneo); b) pressupõe um fato superveniente imprevisível que altere substancialmente o quadro fático vigente ao tempo da contratação, apanhando o contrato durante a sua execução e não quando este já tenha se findado; c) deste evento deve advir uma onerosidade excessiva para o devedor; d) o devedor não pode ter

agido com culpa (afastando-se sua aplicação em caso de mora); e) o acontecimento há de se encontrar fora da álea normal do contrato; f) não aproveita os contratos unilaterais e aleatórios. Presentes estes requisitos, permite-se ao prejudicado pleitear a resolução do contrato ou a sua modificação pelo juiz.

É importante ressaltar que a revisão contratual não pode ser pedida a qualquer momento, e sim quando as condições ora mencionadas estão presentes e, ainda, dentro do prazo de decadência. Além disso, a revisão contratual não implica a resolução do contrato, mas sua adaptação às novas circunstâncias, desde que não prejudique direitos adquiridos e garantidos por lei.

A teoria da imprevisão estabelece que, quando ocorrem fatos imprevisíveis e relevantes, que tornam excessivamente onerosa a execução de uma das prestações contratadas, uma das partes pode pedir a revisão do contrato. A imprevisão é considerada um fator externo ao contrato, e não decorrente de um erro ou falha das partes, e que altera substancialmente as condições do contrato, tornando impossível sua execução como originalmente previsto.

Enquanto o Código Civil traz como teoria revisionista aquela que exige que o fato superveniente seja imprevisível, para o Código de Defesa do Consumidor basta a desproporção entre as prestações por fato superveniente, sem que a imprevisibilidade se faça necessária. Em análise aos artigos em questão, seja o art. 184 do Código Civil Brasileiro, seja o parágrafo 2º do art. 51 do Código de Defesa do Consumidor, é possível concluir pela tendência do legislador em conservar o negócio jurídico sempre que possível.

Outros artigos podem ilustrar essa tendência do legislador brasileiro. Notemos que o Código Civil, ao tratar da resolução por onerosidade excessiva, dispõe, em seu art. 479, que a resolução poderá ser evitada caso o réu esteja disposto a modificar equitativamente as condições do contrato.

No art. 157, ao tratar da lesão como vício contratual, o legislador do Código Civil prevê a possibilidade de que a anulação não seja decretada, caso seja oferecido suplemento suficiente, ou a parte favorecida concorde com a resolução do proveito. Todos os artigos acima citados levam-nos à conclusão de que o sistema jurídico brasileiro privilegia o princípio da conservação do negócio jurídico, por meio do qual se evita a destruição dos negócios, ainda que sejam atingidos por algum vício invalidante.

## 6.4 Extinção do contrato pela resilição

A resilição* é a extinção do contrato pela manifestação de vontade. Pode ser bilateral ou unilateral.

A resilição **bilateral** denomina-se *distrato*, que é o acordo de vontades que tem por fim extinguir um contrato anteriormente celebrado. A **unilateral** pode ocorrer somente em determinados contratos, pois a regra é a impossibilidade de um contraente romper o vínculo contratual por sua exclusiva vontade.

Carlos Roberto Gonçalves (2023, p. 87) explica que

> Qualquer contrato pode cessar pelo distrato. É necessário, todavia, que os efeitos não estejam exauridos, uma vez que o cumprimento é a via normal da extinção. Contrato extinto não precisa ser dissolvido. Se já produziu algum efeito, o acordo para extingui-lo não é distrato, mas outro contrato que modifica a relação. O mecanismo do

---

\* "Art. 472. O distrato faz-se pela mesma forma exigida para o contrato" (Brasil, 2002).

distrato é o que está presente na celebração do contrato: a mesma vontade humana, que tem o poder de criar, atua na direção oposta, para dissolver o vínculo e devolver a liberdade àqueles que se encontravam compromissados.

Alguns contratos, no entanto, por sua própria natureza, podem ser dissolvidos unilateralmente. Isso é o que ocorre com os de execução continuada, celebrados por prazo indeterminado (prestação de serviços, fornecimento de mercadorias etc.). Nesses casos, a resilição denomina-se *denúncia*. Como exemplos, podem ser mencionados ainda os de mandato, comodato e depósito. No primeiro, a resilição denomina-se *revogação* ou *renúncia*, conforme a iniciativa seja, respectivamente, do mandante ou do mandatário. Na enfiteuse, ocorre o resgate (Código Civil de 1916, art. 693), como modo de liberação unilateral do ônus real. A resilição unilateral independe de pronunciamento judicial e produz somente efeitos *ex nunc*, não retroagindo.

De acordo com o Enunciado n. 584 da VII Jornada de Direito Civil, "Desde que não haja forma exigida para a substância do contrato, admite-se que o distrato seja pactuado por forma livre" (CNJ, 2015). Desse modo, uma doação celebrada por escritura pública pode ser distratada por instrumento particular, pois o distrato terá respeitado a forma exigida para o contrato de doação, que é a forma escrita.

Dispõe o art. 473 do Código Civil que "a resilição unilateral, nos casos em que a lei expressa ou implicitamente o permita, opera mediante denúncia notificada à outra parte" (Brasil, 2002). Se, porém, dada a natureza do contrato, uma das partes houver feito investimentos consideráveis para sua execução, conforme o parágrafo único do mesmo dispositivo, "a denúncia unilateral só produzirá efeito depois de transcorrido prazo compatível com a natureza e o vulto dos investimentos" (Brasil, 2002).

Na hipótese, em vez de simplesmente determinar o pagamento de perdas e danos sofridos pela parte que teve prejuízos com a dissolução unilateral do contrato, o legislador optou por atribuir uma tutela específica, convertendo o contrato, que poderia ser extinto por vontade de uma das partes, em um contrato comum, com duração pelo prazo compatível com a natureza e o vulto dos investimentos. Em um contrato de comodato de imóvel sem prazo, por exemplo, não é razoável que, poucos dias depois de o comodatário se instalar, o comodante solicite sua restituição, sem a ocorrência de fato superveniente que a justifique.

Vejamos o exemplo apresentado por Carlos Roberto Gonçalves (2023, p. 88):

> Nesse caso, se o comodatário realizou obras no imóvel para ocupá-lo, esse prazo ainda pode estender-se por muito mais tempo. Certos contratos, todavia, não comportam a incidência da regra do mencionado parágrafo único do art. 473 do atual diploma. O de mandato, por exemplo, admite por sua natureza a resilição incondicional, porque se esteia na relação de confiança entre as partes. Nessas situações resta ao lesado "apenas obter indenização pelos danos sofridos, sem a possibilidade de extensão compulsória da vigência do contrato".

## 6.5 Rescisão do vínculo contratual e extinção por morte dos contratantes

O termo *rescisão* é comumente empregado como sinônimo de *resolução* e de *resilição*. Contudo, a expressão *rescisão* deve ser adotada para as hipóteses de dissolução de determinados contratos, como aqueles em que ocorreu lesão ou que foram celebrados em estado de perigo.

A primeira é um defeito do negócio jurídico que se configura quando alguém obtém um lucro exagerado, desproporcional, aproveitando-se da inexperiência ou da situação de necessidade do outro contratante (art. 157, Código Civil). O estado de perigo assemelha-se à anulação pelo vício da coação e caracteriza-se quando a avença é celebrada em condições desfavoráveis a um dos contraentes, em situação de extrema necessidade, conhecida da outra parte (art. 156, Código Civil). Os efeitos da sentença retroagem à data da celebração do contrato, em ambos os casos. Destarte, a parte que recebeu fica obrigada a restituir.

Segundo Carlos Roberto Gonçalves (2023, p. 89),

> O art. 178, II, do Código Civil declara anulável o negócio jurídico celebrado em estado de perigo. É o caso, por exemplo, de quem seja obrigado a promover uma compensação desproporcionada a um guia alpino para convencê-lo a prestar socorro a um amigo ou parente, perdido na montanha; dos depósitos em dinheiro exigidos pelos hospitais para que o paciente possa ser atendido e internado numa emergência; da exigência feita pelo cirurgião, de pagamentos de honorários excessivos, para atender paciente em perigo de vida etc. O contrato concluído em tal estado de perigo só pode ser anulado (rescindido) se a obrigação assumida for excessivamente onerosa e iníqua. Com uma fórmula assim elástica, a lei atribui ao juiz

o poder de avaliar em concreto se os termos da avença foram tão gravemente desequilibrados que justifiquem, sem mais, a eliminação daquela operação econômica.

Já a morte de um dos contratantes só acarreta a dissolução dos contratos personalíssimos (*intuitu personae*), que não poderão ser executados pela morte daquele em consideração do qual foi ajustado. Subsistem as prestações cumpridas, pois seu efeito opera-se *ex nunc*.

Nesses casos, a impossibilidade da execução do contrato sem culpa tem como consequência sua resilição automática, dado que é insubstituível a parte falecida.

## 6.6 Exceção de contrato não cumprido

A exceção de contrato não cumprido é uma defesa que a parte inadimplente, muitas vezes, opõe à parte que pleiteia a resolução do contrato ou pleiteia o adimplemento. Pablo Stolze Gagliano e Rodolfo Pamplona Filho (2021, p. 95) explicam que "consiste a 'exceção de contrato não cumprido' em um meio de defesa, pelo qual a parte demandada pela execução de um contrato pode arguir que deixou de cumpri-lo pelo fato da outra ainda também não ter satisfeito a prestação correspondente".

A previsão consta no art. 476 do Código Civil, que determina: "Nos contratos bilaterais, nenhum dos contratantes, antes de cumprida a sua obrigação, pode exigir o implemento da do outro" (Brasil, 2002). Temos o seguinte exemplo: se ficar acordado que a empresa prestará o serviço após o pagamento de determinado preço, o cliente não poderá exigir a prestação do serviço antes do pagamento, mesmo que a data acordada para a prestação do serviço tenha chegado.

Nesse caso, se o cliente resolvesse exigir judicialmente a prestação do serviço, a empresa se defenderia alegando a exceção de contrato não cumprido. Trata-se, portanto, de uma exceção substancial, paralisando a pretensão do autor de exigir a prestação pactuada, ante a alegação do réu de não haver percebido a contraprestação devida. Não se discute, *a priori*, o conteúdo do contrato, nem se nega a existência da obrigação ou se pretende extingui-la, sendo uma contestação apenas do ponto de vista da exigibilidade.

Como esclarece Fredie Didier Jr. (2004, p. 2),

> A exceção substancial, para ser conhecida pelo juiz, precisa ser exercida pelo demandado. Não pode, de regra, o magistrado conhecer *ex officio* dessa exceção. Não alegada a exceção substancial no momento da contestação, ocorre a preclusão, salvo se a lei expressamente permitir a alegação a qualquer tempo, o que é raro (ex.: prescrição, art. 193 do CC-2002). A exceção opera no plano da eficácia: não pretende o demandado extinguir a pretensão contra si exercida, mas apenas retirar-lhe a eficácia. Quem excetua não nega a eficácia, busca neutralizá-la ou retardá-la. A exceção, como reverso da pretensão, prescreve no mesmo prazo desta (art. 190 do CC-2002). São exceções substanciais, por exemplo, a prescrição, o direito de retenção e a exceção de contrato não cumprido.

Essa é uma regra geral de contratos bilaterais, prevista no Código Civil. Em um contrato bilateral, as partes se obrigam mutuamente a cumprir as respectivas obrigações. Nenhuma delas pode exigir o cumprimento da obrigação da outra antes de cumprir a própria obrigação. É importante notar que essa regra não se aplica a todos os casos. Em algumas circunstâncias, uma das partes pode exigir o cumprimento da obrigação da outra antes de cumprir a própria obrigação, como no caso de haver cláusula de antecipação de prestação ou de haver a possibilidade de cumulação de obrigações.

Em algumas situações, o contrato pode ser executado simultaneamente, como no caso de prestação de serviços, em que a realização do serviço implica o pagamento pelo contratante e vice-versa.

Os elementos necessários para sua caracterização são, portanto:

a) Existência de um contrato bilateral – A *exceptio non adimpleti contractus*, em sentido próprio, somente pode ser invocada em contratos onde há uma dependência recíproca das obrigações, em que uma é a causa de ser da outra, não sendo aplicável, *a priori*, para outras relações jurídicas;

b) Demanda de uma das partes pelo cumprimento do pactuado – Somente há sentido na invocação de uma exceção substancial (defesa em sentido material) se há uma provocação, exigindo-se o cumprimento, pois, na inércia das partes, não há que falar em defesa;

c) Prévio descumprimento da prestação pela parte demandante – É justamente o prévio descumprimento pela parte demandante que autoriza o excipiente a se valer da *exceptio non adimpleti contractus*, uma vez que, tendo havido cumprimento da prestação, na forma como pactuada, a demanda pelo seu cumprimento constitui o regular exercício de um direito potestativo. Ressalte-se que se o descumprimento foi de terceiro, e não da parte contratante, não há como invocar a exceção. (Gagliano; Pamplona Filho, 2021, p. 95)

## Para saber mais

A respeito da extinção do contrato pelo cumprimento da obrigação, indicamos a leitura da obra a seguir:

MARQUES, C. L. **Contratos no Código de Defesa do Consumidor**: o novo regime das relações contratuais. São Paulo: Revista dos Tribunais, 2018.

Consulte o livro a seguir e saiba mais sobre a extinção do contrato sem cumprimento da obrigação por causas anteriores ou contemporâneas à formação do contrato:

GOMES, O. **Contratos**. Rio de Janeiro: Forense, 2017.

Aprofunde seus conhecimentos sobre a extinção do contrato sem cumprimento da obrigação por causas supervenientes à formação do contrato com a leitura da obra que segue:

GAGLIANO, P. S.; PAMPLONA FILHO, R. **Novo curso de direito civil**: contratos. São Paulo: Saraiva, 2019.

Sobre a rescisão do vínculo contratual e a extinção por morte dos contratantes, indicamos o seguinte livro:

PEREIRA, C. M. da S. **Instituições de direito civil**: contratos e declaração unilateral da vontade. Rio de Janeiro: Forense, 2019.

Saiba mais acerca da exceção de contrato não cumprido consultando a obra a seguir indicada:

MONTEIRO, W. de B. **Curso de direito civil**: direito das obrigações. São Paulo: Saraiva, 2019. v. 3.

## Síntese

A extinção de um contrato pode ocorrer por diversas razões, incluindo o cumprimento das obrigações e a expressa vontade das partes. Essas formas de extinção podem ser sistematizadas da seguinte maneira: (a) extinção pelo cumprimento das obrigações; (b) extinção sem cumprimento decorrente de causas anteriores ou contemporâneas à formação do contrato; (c) extinção sem cumprimento em razão de causas que surgem após a formação do contrato; e (d) extinção decorrente de morte de um dos contratantes. Essas são as principais maneiras pelas quais um contrato pode chegar ao seu término.

## Questões para revisão

1) Qual é uma das principais formas de extinção de um contrato que ocorre quando todas as obrigações estipuladas no contrato são cumpridas pelas partes?

   a. Resilição unilateral.
   b. Extinção por inexecução.
   c. Rescisão contratual.
   d. Extinção pelo cumprimento das obrigações.

2) Quando um contrato é extinto em razão de causas que surgem após a formação do contrato, estamos lidando com qual tipo de extinção?

   a. Resolução.

b. Resilição bilateral.
c. Extinção por inexecução.
d. Extinção sem cumprimento por causas anteriores.

3) Em que situação um contrato pode ser extinto em virtude da morte de um dos contratantes?

a. Extinção pelo cumprimento das obrigações.
b. Resolução.
c. Extinção sem cumprimento por causas anteriores.
d. Extinção em razão da morte de um dos contratantes.

4) Explique de maneira detalhada o que significa a extinção pelo cumprimento das obrigações em um contrato e forneça um exemplo prático para ilustrar esse conceito.

5) Descreva as principais diferenças entre a extinção sem cumprimento decorrente de causas anteriores ou contemporâneas à formação do contrato e a extinção sem cumprimento em razão de causas que surgem após a formação do contrato. Dê exemplos para ilustrar cada uma dessas formas de extinção.

## Questões para reflexão

1) Explique detalhadamente o conceito de extinção pelo cumprimento das obrigações em um contrato e forneça um exemplo prático para ilustrar essa forma de extinção.

2) Descreva as principais diferenças entre a extinção sem cumprimento por causas anteriores ou contemporâneas à formação do contrato e a extinção sem cumprimento por causas que surgem após a formação do contrato. Forneça

exemplos concretos para ilustrar cada uma dessas formas de extinção.

3) Quais são os principais requisitos para que a extinção decorrente de morte de um dos contratantes ocorra? Explique em detalhes as implicações legais desse tipo de extinção de contrato.

4) Analise as circunstâncias em que a extinção sem cumprimento decorrente de causas anteriores ou contemporâneas à formação do contrato pode ocorrer. Forneça exemplos para ilustrar cada uma dessas situações.

5) Explique a importância de incluir cláusulas de arrependimento em contratos e forneça um exemplo de situação em que esse tipo de cláusula poderia ser aplicado para encerrar um contrato.

# VII

# Contrato de compra e venda

**CONTEÚDOS DO CAPÍTULO:**

- » Características da compra e venda.
- » Elementos essenciais da compra e venda.
- » Preço no contrato de compra e venda.
- » Responsabilidade pelos riscos da coisa.
- » Particularidades de alguns contratos de compra e venda.
- » Pactos adjetos ao contrato de compra e venda.

**APÓS O ESTUDO DESTE CAPÍTULO, VOCÊ SERÁ CAPAZ DE:**

1. elencar as características e os elementos essenciais de um contrato de compra e venda;
2. compreender a questão do preço em um contrato de compra e venda;
3. identificar os riscos e a responsabilidade em um contrato de compra e venda;
4. entender as particularidades de alguns contratos de compra e venda;
5. reconhecer os pactos adjetos a um contrato de compra e venda.

O contrato de compra e venda é negócio jurídico bilateral que objetiva a transferência da propriedade mediante o pagamento do preço. O contrato de compra e venda produz apenas efeitos obrigacionais, não gerando, *de per si*, a transferência da propriedade. Este é o conceito que se extrai da redação do art. 481 do Código Civil: "pelo contrato de compra e venda, um dos contratantes se obriga a transferir o domínio de certa coisa, e o outro, a pagar-lhe certo preço em dinheiro" (Brasil, 2002).

O contrato de compra e venda não transfere, por si mesmo, a propriedade do bem objeto da contratação. A transferência da propriedade, no caso de bens móveis, ocorre pela tradição e, no caso de bens imóveis, com o registro público da compra e venda na matrícula do imóvel. Trata-se, pois, de negócio obrigacional.

## 7.1 Características da compra e venda

O contrato de compra e venda é bilateral e sinalagmático, em regra consensual, e pode ser comutativo ou aleatório. Atualmente, os contratos de compra e venda são, em sua maioria, contratos de adesão, realidade típica da sociedade de consumo massificado.

Nos contratos de compra e venda, existe, portanto, o sinalagma: mútua dependência e obrigações, reciprocidade entre prestações opostas. São criados direitos e obrigações para ambas as partes.

É contrato consensual porque se forma com a manifestação de vontade das partes, conforme dispõe o art. 482 do Código Civil: "A compra e venda, quando pura, considerar-se-á obrigatória e perfeita, desde que as partes acordarem no objeto e no preço" (Brasil, 2002).

Trata-se de contrato impessoal, que pode ser de execução instantânea ou diferida. É oneroso porque cada parte recebe um ganho ou benefício e ocorre a consequente diminuição patrimonial.

Pode ser comutativo ou aleatório: compra e venda de coisa futura (saca de soja) é contrato principal e definitivo e pode ser paritário ou de adesão. Pode ter a forma livre ou ser solene, nos termos do art. 108 do Código Civil: "Não dispondo a lei em contrário, a escritura pública é essencial à validade dos negócios jurídicos que visem à constituição, transferência, modificação ou renúncia de direitos reais sobre imóveis de valor superior a trinta vezes o maior salário mínimo vigente no País" (Brasil, 2002).

## 7.2 Elementos essenciais da compra e venda

No art. 482 do Código Civil, é possível identificar os chamados *elementos essenciais* da compra e venda, ou seja, o consentimento, a coisa e o preço.

Por tratar-se de contrato consensual, a compra e venda forma-se com a manifestação de vontade.

O objeto da contratação, por sua vez, não pode ser coisa fora do comércio, deve ser determinada ou determinável e não pode ter por objeto bem que não tem valor econômico (no caso de direito, o correto é falar em *cessão de direitos* e, para coisas, fala-se em *alienação*). Pode ser coisa futura, mas, nesse caso, ficará sem efeito o contrato se esta não vier a existir, salvo se a intenção das partes era concluir contrato aleatório.

O contrato de compra e venda pode ser acidentalmente aleatório. Se o contrato for aleatório, por dizer respeito a coisas ou fatos futuros, cujo risco de não virem a existir um dos contratantes assuma, terá o outro direito de receber integralmente o que lhe foi prometido, desde que de sua parte não tenha havido dolo ou culpa, ainda que nada do avençado venha a existir (*emptio spei*, art. 458, Código Civil).

Se for aleatório, por serem objeto dele coisas futuras, tomando o adquirente a si o risco de virem a existir em qualquer quantidade, terá também direito o alienante a todo o preço, desde que de sua parte não tiver concorrido culpa, ainda que a coisa venha a existir em quantidade inferior à esperada (*emptio rei speratae*, art. 459, Código Civil).

Se for aleatório o contrato, por se referir a coisas existentes, mas expostas a risco, assumido pelo adquirente, terá igualmente direito o alienante a todo o preço, posto que a coisa já não existisse, em parte ou de todo, no dia do contrato.

Com relação à aleatoriedade, importantes considerações devem ser trazidas à discussão. Inicialmente, é de se dizer que: (a) há incerteza para as duas partes quanto ao fato de ser a vantagem esperada proporcional ao sacrifício, expondo os contraentes à alternativa de ganho ou de perda, podendo ser a contraprestação desproporcional ao valor da prestação; (b) a rescisão por lesão não tem lugar nos contratos aleatórios; (c) no contrato aleatório, será o contrato perfeito desde logo, embora surja o risco de a prestação das partes ser maior ou menor; (d) no contrato aleatório, em regra, a vantagem acarretará perda para o outro contraente; (e) a circunstância casual de que depende o lucro ou a perda não precisará ser futura, bastando que seja ignorada ou desconhecida pelas partes, embora tenha sido realizada.

No caso de a venda se realizar à vista de amostras, protótipos ou modelos, considera-se que o vendedor assegura ter a coisa as qualidades que a elas correspondem.

## 7.3 O preço no contrato de compra e venda

Se o preço não estiver claro, o contrato não se reputará acabado. O preço é pressuposto essencial do contrato de compra e venda e será fixado pelas partes, respeitando-se o equilíbrio das prestações entre as partes.

O Código Civil, contudo, no art. 485, permite que o preço seja fixado por um terceiro, que os contratantes logo designarem ou prometerem designar. Se o terceiro não aceitar a incumbência, ficará sem efeito o contrato, salvo quando acordarem os contratantes designar outra pessoa (hipótese de inexistência do contrato).

O preço também poderá ser fixado à taxa de mercado ou bolsa em certo e determinado dia e lugar ou ainda em função de índices ou parâmetros, desde que suscetíveis de determinação objetiva.

O legislador comina com nulidade o contrato em que a fixação do preço fique ao arbítrio exclusivo de uma das partes (art. 489, Código Civil). Nessa hipótese, o legislador proíbe as chamadas *cláusulas puramente potestativas* (ex.: "se eu quiser", "a critério desse contratante"). Notemos apenas que as cláusulas puramente potestativas são diferentes das cláusulas simplesmente potestativas (ex.: doação de vultosa quantia em dinheiro a uma atleta se ele vencer determinado torneio – vencer o torneio não depende da vontade das partes).

No capítulo que trata do contrato de compra e venda, existe hipótese expressa de aplicação do princípio da *exceptio non adimpleti contractus*, ou exceção de contrato não cumprido: "Art. 491. Não sendo a venda a crédito, o vendedor não é obrigado a entregar a coisa antes de receber o preço" (Brasil, 2002).

## 7.4 Responsabilidade pelos riscos da coisa

O Código Civil determina que, até o momento da tradição, os riscos da coisa correm por conta do vendedor, e os do preço ficam por conta do comprador. Os casos fortuitos, ocorrentes no ato de contar, marcar ou assinalar coisas, que comumente se recebem, contando, pesando, medindo ou assinalando, e que já tiverem sido postas à disposição do comprador, correrão por conta deste. No mesmo sentido, correrão também por conta do comprador os riscos das referidas coisas, se estiver em mora de as receber, quando postas à sua disposição no tempo, lugar e pelo modo ajustados.

Se a coisa for expedida para lugar diverso, por ordem do comprador, por sua conta correrão os riscos, uma vez entregue a quem haja de transportá-la, salvo se das instruções dele se afastar o vendedor.

Se antes da tradição o comprador cair em insolvência, poderá o vendedor sobrestar na entrega da coisa, até que o comprador lhe dê caução de pagar no tempo ajustado.

## 7.5 Particularidades de alguns contratos de compra e venda

A seguir, vamos abordar algumas situações específicas que podem se configurar em contratos de compra e venda.

## 7.5.1 Compra e venda entre ascendentes e descendentes

O Código Civil de 1916, em seu art. 1.312, determinava que a venda a descendentes sem autorização dos demais era nula. Contudo, o entendimento do Superior Tribunal de Justiça (STJ) já era pela anulabilidade, e o Supremo Tribunal Federal (STF) definia que o prazo para a propositura da ação anulatória era de 20 anos, à época o prazo de prescrição geral.

O Código Civil atual, de 2002, estabelece que é anulável a venda de ascendente a descendente, salvo se os outros descendentes e o cônjuge do alienante expressamente houverem consentido. Ainda, em ambos os casos, dispensa-se o consentimento do cônjuge se o regime de bens for o da separação obrigatória.

Sobre a questão, afirmam Pablo Stolze Gagliano e Pamplona Filho (2021, p. 116):

> Cumpre-nos salientar que, em nosso sentir, a antiga Súmula 494 do STF perdeu a sua eficácia, por força do art. 179 do Código de 2002 (sem correspondente na codificação anterior), que transcrevemos, *in verbis*: "Art. 179. Quando a lei dispuser que determinado ato é anulável, sem estabelecer prazo para pleitear-se a anulação, será este de dois anos, a contar da data da conclusão do ato". Vê-se, com isso, que, uma vez não previsto o prazo decadencial de anulação, este será de dois anos, e não mais de vinte.
>
> A exigência também é cabível quando se tem a venda entre avô e neto, e não apenas aos descendentes que se encontram na posição de herdeiros. Este dispositivo legal tem por objetivo impedir simulações fraudulentas, no caso, doações inoficiosas com aparência de compra e venda. Deste modo, é certo que os descendentes e o cônjuge

poderão fiscalizar os atos do ascendente para evitar que doe seu patrimônio para apenas um dos filhos.

Os outros descendentes e o cônjuge devem fiscalizar o ato do ascendente para evitar que faça doação a um só dos filhos, conferindo ao ato a aparência e a forma de compra e venda, para que este último não fique obrigado à colação, em prejuízo das legítimas dos demais. Esta é necessária nas doações de pais a filhos (art. 2.002, Código Civil), sendo dispensada na compra e venda. A preocupação com a legítima dos descendentes, demonstrada no art. 496, não se justifica, pois é permitido ao ascendente deixar quinhões desiguais a seus herdeiros necessários, utilizando-se da metade disponível e desde que não a ultrapasse, determinando a dispensa da colação (art. 2.005, Código Civil). Devem consentir os herdeiros necessários ao tempo do contrato, ou seja, os mais próximos em grau, salvo o direito de representação, havidos ou não do casamento (os últimos, desde que reconhecidos) e os adotivos, pois o art. 227, parágrafo 6º, da Constituição Federal e o art. 1.596 do Código Civil os equipararam.

A anuência do cônjuge será dispensada na hipótese de regime de separação obrigatória de bens. O disposto no artigo não se aplica às doações ou à concessão de direitos reais a herdeiros.

### 7.5.2 Legitimidade para a aquisição

O art. 497 do Código Civil afasta a legitimidade para a aquisição de bens por certas pessoas que estejam encarregadas de zelar pelos interesses do vendedor. Vejamos o disposto no artigo:

Art. 497. Sob pena de nulidade, não podem ser comprados, ainda que em hasta pública:

I – pelos tutores, curadores, testamenteiros e administradores, os bens confiados à sua guarda ou administração;

II – pelos servidores públicos, em geral, os bens ou direitos da pessoa jurídica a que servirem, ou que estejam sob sua administração direta ou indireta;

III – pelos juízes, secretários de tribunais, arbitradores, peritos e outros serventuários ou auxiliares da justiça, os bens ou direitos sobre que se litigar em tribunal, juízo ou conselho, no lugar onde servirem, ou a que se estender a sua autoridade;

IV – pelos leiloeiros e seus prepostos, os bens de cuja venda estejam encarregados.

Parágrafo único. As proibições deste artigo estendem-se à cessão de crédito. (Brasil, 2002)

## 7.5.3 Condomínio e venda de parte indivisa

O condomínio a que nos referimos nesta parte de nossos estudos é a chamada *copropriedade*, ou seja, quando duas ou mais pessoas são proprietários de bem indivisível. Nesse caso, o art. 504 do Código Civil determina que não pode um condômino em coisa indivisível vender sua parte a estranhos se outro consorte a quiser, tanto por tanto. O condômino, a quem não se der conhecimento da venda, poderá, depositando o preço, haver para si a parte vendida a estranhos, se o requerer no prazo de 180 dias, sob pena de decadência.

### 7.5.4 Venda entre cônjuges

É lícita a venda entre cônjuges, em relação aos bens excluídos da comunhão (art. 499, Código Civil). Nos termos do art. 1.725 do Código Civil, a mesma regra aplica-se aos companheiros.

Notemos apenas que esse dispositivo só terá efeitos práticos em regimes que não o de comunhão total de bens.

### 7.5.5 Venda *ad corpus* e *ad mensuram*

Na venda de imóveis, é possível estabelecer que a venda seja *ad corpus* ou *ad mensuram*. Nos termos do art. 500 do Código Civil, se, na venda de um imóvel, for estipulado preço por medida de extensão ou se for determinada a respectiva área e esta não corresponder, em qualquer dos casos, às dimensões dadas, o comprador terá o direito de exigir o complemento da área e, não sendo isso possível, o de reclamar a resolução do contrato ou o abatimento proporcional ao preço. Temos, no caso, a chamada *venda ad mensuram*, em que o preço do imóvel é fixado por medida de extensão, como, por exemplo, o valor do metro quadrado.

Para exigir a complementação do valor, o comprador poderá propor a chamada *ação ex empto*. Caso seja possível a complementação da área, não se poderá pedir a resolução do contrato. Sendo impossível a complementação, o comprador poderá propor uma ação redibitória, para obter a resolução do contrato, ou a ação *quanti minoris*, para pleitear o abatimento no preço.

O parágrafo 1º do art. 500 do Código Civil dispõe que se presume que a referência às dimensões foi simplesmente enunciativa, quando a diferença encontrada não exceder de um vigésimo da área total enunciada, ressalvado ao comprador o direito de provar que, em tais circunstâncias, não teria realizado o negócio. Tal dispositivo, todavia, não se aplica quando a compra e venda do imóvel for uma relação de consumo.

A chamada *venda ad corpus* é aquela em que não haverá complemento de área nem devolução de excesso se o imóvel for vendido como coisa certa e discriminada, tendo sido apenas enunciativa a referência às suas dimensões, ainda que não conste, de modo expresso, ter sido a venda *ad corpus*.

Em conclusão, no caso de venda *ad mensuram*, o preço e a delimitação da área estão relacionados, sendo a venda especificada. Caso a área não corresponda, o comprador poderá: (a) exigir o complemento (ação *ex empto*); (b) reclamar a resolução do contrato ou o abatimento do preço. A resolução do contrato só deverá acontecer se não for possível complementar a área. Se a diferença foi inferior a 5%, não há direito ao comprador, salvo se comprovar que realizou o contrato em razão da medida faltante ou se tratar de relação de consumo.

## 7.6 Pactos adjetos ao contrato de compra e venda

Vejamos, na sequência, algumas cláusulas especiais acessórias que podem ser estipuladas em contratos de compra e venda, mas que não descaracterizam a espécie dessa relação contratual, as quais são denominadas *pactos adjetos*.

### 7.6.1 Direito de preferência ou preempção

No direito contratual, o direito de preferência está presente em variadas situações, como é o caso da venda de bem indiviso quando existirem condôminos ou ainda no contrato de locação. Portanto, observemos que o direito de preferência tem previsão legal em algumas hipóteses, embora o art. 513 do Código Civil disponha sobre o direito de preferência consensual.

Segundo o art. 513 do Código Civil, a preferência impõe ao comprador a obrigação de oferecer ao vendedor a coisa que aquele vai vender, ou dar em pagamento, para que este use seu direito de prelação na compra, tanto por tanto. O prazo para exercer o direito de preferência não poderá exceder 180 dias, se a coisa for móvel, ou dois anos, se imóvel.

O vendedor poderá também exercer seu direito de prelação, intimando o comprador, quando lhe constar que este vai vender a coisa. O direito de preferência não autoriza, porém, que a parte imponha sua vontade e ofereça qualquer valor pelo bem, pois, segundo o art. 515 do Código Civil, aquele que exerce a preferência está, sob pena de a perder, obrigado a pagar, em condições iguais, o preço encontrado ou o ajustado.

Inexistindo prazo estipulado, o direito de preempção caducará, se a coisa for móvel, não se exercendo nos três dias e, se for imóvel, não se exercendo nos 60 dias subsequentes à data em que o comprador tiver notificado o vendedor.

Se o comprador desrespeitar a avença, não dando ciência ao vendedor do preço e das vantagens que lhe oferecerem pela coisa, responderá por perdas e danos, desde que este prove efetivo prejuízo. Responderá solidariamente o adquirente, se tiver procedido de má-fé (art. 518, Código Civil). O direito de preferência convencional é, portanto, de natureza pessoal, e não real. Não se pode ceder nem passar aos herdeiros (art. 520, Código Civil).

Trata-se de direito de natureza pessoal, ou seja, gera apenas perdas e danos (Súmula n. 488 do STF). Os prazos de decadência começam a fluir a partir do conhecimento do vendedor originário da intenção do comprador em vender a coisa (dois anos para bens imóveis e 180 dias para bens móveis).

O preço a ser pago por quem exerce a prelação deve ser tanto por tanto, ou seja, está obrigado a pagar, em condições iguais, o preço encontrado (de mercado) ou ajustado (convencionado).

### 7.6.2 Cláusula de retrovenda

A cláusula de retrovenda é um pacto acessório, adjeto à compra e venda, por meio do qual o vendedor resguarda a prerrogativa de resolver o contrato. É um negócio jurídico de compra e venda condicionado a evento futuro e incerto, segundo o interesse do vendedor em reaver a coisa, aliado ao oferecimento de valor adequado para a restituição ou reembolso. Trata-se de condição resolutiva. Vejamos o disposto no art. 505 do Código Civil:

> Art. 505. O vendedor de coisa imóvel pode reservar-se o direito de recobrá-la no prazo máximo de decadência de três anos, restituindo o preço recebido e reembolsando as despesas do comprador, inclusive as que, durante o período de resgate, se efetuaram com a sua autorização escrita, ou para a realização de benfeitorias necessárias. (Brasil, 2002)

Tem previsão legal de utilização apenas para bens imóveis, mas as partes podem criar também para bens móveis. É uma cláusula acessória, cuja nulidade não afeta o contrato. Não se trata de direito de preempção ou preferência, porque o contrato será desfeito, sendo, portanto, direito potestativo do vendedor.

Se o comprador se recusar a receber as quantias a que faz jus, o vendedor, para exercer o direito de resgate, deverá depositá-las judicialmente. Se insuficiente o depósito judicial, o vendedor não terá direito à restituição no domínio da coisa, até e enquanto o comprador não for integralmente pago (art. 506, Código Civil).

Enquanto estiver na posse do bem, o comprador terá direito aos frutos. É direito que não pode ser transferido por ato entre vivos e, para exercício do direito perante terceiros, em privilégio à presunção de boa-fé, deverá estar registrado na matrícula do imóvel. Isso porque é direito oponível *erga omnes* se tornado público.

O direito de retrato, que é cessível e transmissível a herdeiros e legatários, poderá ser exercido contra o terceiro adquirente (art. 507, Código Civil). Se a duas ou mais pessoas couber o direito de retrato sobre o mesmo imóvel e só uma o exercer, poderá o comprador intimar as outras para nele acordarem, prevalecendo o pacto em favor de quem haja efetuado o depósito, contanto que seja integral.

## 7.6.3 Venda a contento e venda sujeita a prova

A cláusula de venda a contento* permite que o comprador rejeite a coisa se ele não estiver satisfeito, sem necessidade de justificar a recusa. A cláusula atribui um direito potestativo ao comprador, que pode ser exercido de acordo com sua exclusiva apreciação, e geralmente o vendedor não pode opor-se à recusa do comprador. É importante notar que a recusa do comprador

---

* "Art. 509. A venda feita a contento do comprador entende-se realizada sob condição suspensiva, ainda que a coisa lhe tenha sido entregue; e não se reputará perfeita, enquanto o adquirente não manifestar seu agrado. Art. 510. Também a venda sujeita a prova presume-se feita sob a condição suspensiva de que a coisa tenha as qualidades asseguradas pelo vendedor e seja idônea para o fim a que se destina. Art. 511. Em ambos os casos, as obrigações do comprador, que recebeu, sob condição suspensiva, a coisa comprada, são as de mero comodatário, enquanto não manifeste aceitá-la. Art. 512. Não havendo prazo estipulado para a declaração do comprador, o vendedor terá direito de intimá-lo, judicial ou extrajudicialmente, para que o faça em prazo improrrogável" (Brasil, 2002).

não deve ser devida a um vício ou má qualidade na coisa, mas ao desagrado do comprador.

Eventuais abusos de direito na recusa devem ser examinados caso a caso, levando-se em conta que estamos lidando com uma condição potestativa simples em favor do comprador. Não se examina a utilidade da coisa objetivamente, e sim a manifestação do arbítrio outorgado ao comprador. A condição é potestativa simples e não puramente potestativa, pois o arbítrio do comprador é submetido ao fato de a coisa agradar-lhe.

Na venda a contento, no silêncio das partes, a venda fica sob condição suspensiva.

Já a venda sujeita a prova é uma espécie de modalidade da venda a contento, diferenciando-se desta por ser um pouco mais específica, já que o comprador só poderá rejeitar o objeto da venda se este não apresentar as mesmas qualidades e finalidades garantidas pelo vendedor.

A venda sujeita a prova é uma modalidade de contrato em que a condição suspensiva reside na verificação das qualidades asseguradas pelo vendedor e na idoneidade do bem para o fim a que se destina. Nessa modalidade, é possível falar em demonstração objetiva das qualidades e idoneidade, o que diminui o campo de subjetividade. A recusa do comprador não pode ser injustificada, e o negócio jurídico só produzirá efeitos após a declaração do comprador. A lei não estabelece prazo para que o comprador se manifeste e, caso não haja previsão contratual específica, é prerrogativa do vendedor intimar o comprador, judicial ou extrajudicialmente, para verificar a ocorrência ou não da condição.

### 7.6.4 Venda sobre documentos

A venda sobre documentos é uma modalidade de contrato de compra e venda em que o vendedor transfere ao comprador a propriedade dos bens mediante a entrega dos documentos que comprovam a respectiva propriedade. Esses documentos podem incluir, por exemplo, notas fiscais, contratos de compra e venda, certificados de propriedade, entre outros*.

Nessa modalidade de contrato, o vendedor se compromete a entregar ao comprador os documentos comprobatórios da propriedade dos bens, e o comprador se compromete a pagar o preço acordado. A transferência da propriedade dos bens só ocorre após a entrega dos documentos e o pagamento do preço.

É importante destacar que a venda sobre documentos é uma forma de garantir a segurança e a legalidade da transação, uma vez que os documentos comprobatórios da propriedade dos bens servem como prova da legalidade da transferência de propriedade. Além disso, essa modalidade de contrato é comumente utilizada em transações comerciais, especialmente em

---

* "Art. 529. Na venda sobre documentos, a tradição da coisa é substituída pela entrega do seu título representativo e dos outros documentos exigidos pelo contrato ou, no silêncio deste, pelos usos. Parágrafo único. Achando-se a documentação em ordem, não pode o comprador recusar o pagamento, a pretexto de defeito de qualidade ou do estado da coisa vendida, salvo se o defeito já houver sido comprovado. Art. 530. Não havendo estipulação em contrário, o pagamento deve ser efetuado na data e no lugar da entrega dos documentos. Art. 531. Se entre os documentos entregues ao comprador figurar apólice de seguro que cubra os riscos do transporte, correm estes à conta do comprador, salvo se, ao ser concluído o contrato, tivesse o vendedor ciência da perda ou avaria da coisa. Art. 532. Estipulado o pagamento por intermédio de estabelecimento bancário, caberá a este efetuá-lo contra a entrega dos documentos, sem obrigação de verificar a coisa vendida, pela qual não responde. Parágrafo único. Nesse caso, somente após a recusa do estabelecimento bancário a efetuar o pagamento, poderá o vendedor pretendê-lo, diretamente do comprador" (Brasil, 2002).

negociações envolvendo bens móveis, como veículos, máquinas e equipamentos.

## PARA SABER MAIS

Consulte as obras a seguir para aprofundar seus conhecimentos sobre o tema tratado neste capítulo:

NALIN, Paulo. **Do contrato**: conceito pós-moderno (Em busca de sua formulação na perspectiva civil-constitucional). Curitiba: Juruá, 2005.

SCHREIBER, A. **A proibição de comportamento contraditório**: tutela da confiança e venire contra factum proprium. 2. ed. rev. e atual. Rio de Janeiro: Renovar, 2007.

SILVA FILHO, A. M. da. Revisão judicial dos contratos. In: BITTAR, C. A. (Org.). **Contornos atuais da teoria dos contratos**. São Paulo: RT, 1993. p. 120-159.

VARELA, J. de M. A. **Das obrigações em geral**. Coimbra: Almedina, 1999. vol. II.

## SÍNTESE

Cabe destacar que a compra e venda é um contrato consensual, ou seja, a formação do acordo depende principalmente do consentimento das partes. Também é um contrato comutativo, pois as partes envolvidas conhecem antecipadamente os benefícios e encargos envolvidos. Além disso, a boa-fé é um princípio importante nesse contrato, exigindo que ambas as partes ajam de maneira honesta e justa durante a negociação e a execução do contrato.

Sobre os elementos essenciais, é importante ressaltar que o objeto deve ser lícito e possível, isto é, não pode envolver atividades ilegais ou impossíveis de serem realizadas. A causa, que é a finalidade da transação, precisa ser determinada de forma clara e legítima, sem violar princípios éticos ou legais. O consentimento, por sua vez, implica que ambas as partes devem estar aptas a compreender os termos do contrato e concordar voluntariamente.

O preço não precisa ser necessariamente em dinheiro; pode ser qualquer valor acordado pelas partes. Convém notar que o preço deve ser certo ou determinável no momento da celebração do contrato. No caso de preço variável, é fundamental estabelecer critérios claros para sua determinação. A relevância do preço é destacada como um dos elementos essenciais do contrato, influenciando diretamente a formação do acordo.

Quanto à responsabilidade pelos riscos da coisa, cabe salientar que a regra geral é que os riscos da coisa são transferidos do vendedor para o comprador no momento da tradição, que é a entrega efetiva do bem. No entanto, em algumas situações específicas, como nas vendas sob condição suspensiva, os riscos podem permanecer com o vendedor até a satisfação da condição. Isso destaca a importância de definir claramente as condições de entrega e transferência de riscos no contrato.

Quando se trata de compra e venda entre ascendentes e descendentes, é fundamental observar as regras específicas, como a necessidade de autorização judicial em alguns casos. Com relação à legitimidade para a aquisição, a lei estabelece restrições para certas categorias de pessoas, como os incapazes, que podem exigir representação legal. Nas vendas entre cônjuges, há regras específicas para proteger terceiros e evitar fraudes. Nas transações condominiais, é importante definir claramente as proporções de propriedade e os direitos e deveres dos condôminos.

Sobre a venda *ad corpus* e *ad mensuram*, vale observar que a venda *ad corpus* refere-se à venda do objeto tal como está, independentemente de sua medida ou quantidade precisa. Já a venda *ad mensuram* envolve a medição ou determinação específica do objeto. É crucial entender as implicações dessas modalidades, pois a venda *ad corpus* está sujeita à condição de que o objeto corresponda à descrição dada, e a venda *ad mensuram* está vinculada à medição ou mensuração correta.

Com relação aos pactos adjuntos ao contrato de compra e venda, cabe mencionar que o pacto de preferência permite a um contratante a opção de adquirir o bem se o outro decidir vendê-lo a terceiros. O pacto de retrovenda possibilita ao vendedor recomprar o bem depois de determinadas condições serem cumpridas.

Quanto ao direito de preferência ou preempção, é fundamental entender as regras e limitações do direito de preferência, como prazos para exercê-lo e sua aplicação em diferentes contextos, como no arrendamento rural e nas transações imobiliárias. Também é relevante explorar as nuances da cláusula de retrovenda, estabelecendo as condições nas quais o vendedor pode recuperar o bem vendido.

Sobre a venda a contento e a venda sujeita a prova, para compreender plenamente essas modalidades de venda, é importante detalhar os critérios pelos quais o comprador pode aceitar ou rejeitar o objeto em uma venda a contento, bem como os testes ou provas aos quais o objeto está sujeito em uma venda sujeita a prova. A profundidade da inspeção e os critérios de aceitação são elementos essenciais a serem considerados.

Por fim, quanto à venda sobre documentos, cabe destacar que implica detalhar a importância da documentação associada à transação, como notas fiscais, contratos e certificados. É essencial compreender como a validade da venda pode depender da precisão e da autenticidade dos documentos envolvidos.

Aprofundar esses tópicos proporciona uma compreensão mais sólida das complexidades envolvidas nos contratos de compra e venda, ajudando a garantir que as partes estejam cientes de seus direitos e obrigações em situações específicas.

## Questões para revisão

1) Qual é uma das características fundamentais do contrato de compra e venda?

   a. O contrato é unilateral.
   b. O contrato não exige consentimento das partes.
   c. O contrato é consensual.
   d. O contrato é sempre aleatório.

2) Qual dos elementos essenciais da compra e venda envolve a finalidade da transação de forma clara e legítima?

   a. O objeto.
   b. O preço.
   c. A causa.
   d. O consentimento.

3) Em uma venda *ad corpus*, como é definido o objeto da transação?

   a. O objeto é determinado por medição ou mensuração específica.
   b. O objeto é vendido tal como está, independentemente de medida ou quantidade precisa.

c. O objeto é determinado pelo preço.

d. O objeto é entregue antes da celebração do contrato.

4) Discorra sobre a importância da boa-fé nas negociações e na execução de contratos de compra e venda, destacando como esse princípio contribui para a integridade das partes envolvidas.

5) Explique as principais diferenças entre venda *ad corpus* e venda *ad mensuram*, detalhando como essas modalidades afetam a obrigação das partes em relação à descrição do objeto da venda.

## Questões para reflexão

1) Quais são os elementos essenciais de um contrato de compra e venda? Explique a importância de cada um deles para a validade do contrato.

2) Como a responsabilidade pelos riscos da coisa é geralmente regulamentada nos contratos de compra e venda? Explique as situações em que os riscos podem permanecer com o vendedor.

3) Quais são as principais considerações legais quando se trata de compra e venda entre ascendentes e descendentes? Em que situações pode ser necessária a autorização judicial?

4) Explique os conceitos de venda *ad corpus* e venda *ad mensuram*. Quais são as implicações dessas modalidades de venda em relação à descrição do objeto?

# VIII

## Contrato de doação

**Conteúdos do capítulo:**

» Características da doação.
» Doação inoficiosa.
» Doação de ascendente a descendente.
» Doação universal ou de todos os bens do doador.
» Promessa de doação.
» Espécies de doação.
» Doação entre concubinos.
» Extinção da doação.

**Após o estudo deste capítulo, você será capaz de:**

1. elencar as características do contrato de doação;
2. compreender as particularidades de cada espécie de contrato de doação;
3. entender o instituto da promessa de doação;
4. discorrer sobre a extinção de um contrato de doação.

A doação é negócio jurídico em que se vê a faculdade real de dispor inerente ao direito de propriedade. Tem origem em contrato, uma vez que o donatário deve aceitá-la, sob pena de não se formar o contrato. A aceitação pode ser tácita ou expressa. Sobre a doação e seu conceito, o Código Civil, em seu art. 538, considera doação o contrato em que uma pessoa, por liberalidade, transfere de seu patrimônio bens ou vantagens para o de outra.

Com relação à aceitação, o legislador detalha as seguintes situações no Código Civil: (a) o doador pode fixar prazo ao donatário para declarar se aceita ou não a liberalidade – desde que o donatário, ciente do prazo, não faça, dentro dele, a declaração, entender-se-á que aceitou, se a doação não for sujeita a encargo (art. 539); (b) a doação feita ao nascituro valerá, sendo aceita pelo seu representante legal (art. 542); (c) se o donatário for absolutamente incapaz, dispensa-se a aceitação, desde que se trate de doação pura (art. 543).

## 8.1 Características do contrato de doação

O contrato de doação é um contrato típico e nominado, bem como unilateral, nos casos de doação pura, pois impõe obrigações apenas para uma das partes. No caso de doação onerosa, o donatário adquire a propriedade da coisa ainda que não tenha cumprido eventual condição (geralmente), já que o encargo não suspende a aquisição nem o exercício do direito, salvo quando expressamente imposto no negócio jurídico, pelo disponente, como condição suspensiva.

É contrato formal, pois o art. 541 assim prevê: "A doação far-se-á por escritura pública ou instrumento particular. Parágrafo único. A doação verbal será válida, se, versando sobre bens móveis e de pequeno valor, se lhe seguir incontinenti a tradição" (Brasil, 2002).

Exige o *animus donandi*, que não se confunde com a renúncia de direito ou com o *animus solvendi*, que é a intenção de cumprir uma obrigação. É consensual, porque se aperfeiçoa com o acordo de vontades entre doador e donatário, independentemente da entrega da coisa. Porém, a doação manual (de bens móveis de pequeno valor) é de natureza real, porque seu aperfeiçoamento depende da incontinenti tradição destes.

É também contrato de adesão, impessoal porque somente interessa o resultado, não a pessoa do doador. Normalmente, é de execução instantânea, principal e definitivo.

A doutrina discute a possibilidade da doação *mortis causa*, ou seja, a doação a título gratuito após a morte do doador. Contudo, para esses casos, é cabível a figura do testamento (arts. 1.862, 1.886 e 1.887, Código Civil).

## 8.2 Doação inoficiosa

Doação inoficiosa é a que excede o limite de que o doador, no momento da liberalidade, poderia dispor em testamento. O art. 549 do Código Civil declara nula somente a parte que exceder tal limite, e não toda a doação. Havendo herdeiros necessários, o testador só poderá dispor da metade de seus bens, pois a outra pertence de pleno direito aos referidos herdeiros (art. 1.846, Código Civil).

É a doação que viola a legítima dos herdeiros necessários, nula por ferir norma de ordem pública, mas o prazo para a propositura da ação será de dez anos.

## 8.3 Doação de ascendente a descendente

Dispõe o art. 544 do Código Civil que a doação de ascendentes a descendentes "importa adiantamento do que lhes cabe por herança" (Brasil, 2002).

Estes estão obrigados a conferir, no inventário do doador, por meio de colação, os bens recebidos, pelo valor que lhes atribuir o ato de liberalidade ou a estimativa feita naquela época (art. 2.004, § 1º, Código Civil), para que sejam igualados os quinhões dos herdeiros necessários, salvo se o ascendente os dispensou dessa exigência, determinando que saiam de sua metade disponível, contanto que não a excedam, computado seu valor ao tempo da doação (arts. 2.002 e 2.005, Código Civil).

A obrigatoriedade da colação, na doação dos pais a determinado filho, dispensa, salvo a ressalva feita, a anuência dos outros filhos, somente exigível na venda (art. 496, Código Civil) ou na permuta de bens de valores desiguais (art. 533, II, Código Civil). O mesmo art. 544 do Código Civil determina que a doação de um cônjuge a outro implica adiantamento do que lhe cabe por herança. A regra aplica-se às hipóteses em que o cônjuge participa da sucessão do outro na qualidade de herdeiro, previstas no art. 1.829 do Código Civil.

## 8.4 Doação universal ou de todos os bens do doador

Trata-se da doação de todo o patrimônio do doador, violando, assim, a garantia de uma vida digna. Vejamos o que explica Carlos Roberto Gonçalves (2023, p. 124) sobre o tema:

O art. 548 do Código Civil considera nula a doação de todos os bens sem reserva de parte, ou renda suficiente para a subsistência do doador. Não haverá restrição se este tiver alguma fonte de renda ou reservar para si o usufruto dos referidos bens, ou de parte deles. A limitação visa proteger o doador, impedindo que, por sua imprevidência, fique reduzido à miséria, bem como a sociedade, evitando que o Estado tenha de amparar mais um carente. Não basta que o donatário se comprometa a assisti-lo, moral e materialmente. A nulidade recai sobre a totalidade dos bens, mesmo que o doador seja rico e a nulidade de uma parte baste para que viva bem.

Vale ressaltar que se observa no caso a nulidade da doação que e a legitimidade para a propositura da ação anulatória será de eventuais parentes não herdeiros, do Estado e do Ministério Público.

## 8.5 Promessa de doação

A promessa de doação é chamada de *pactum de donando*. A dúvida sobre o instituto é: Pode o donatário exigir o cumprimento da obrigação de doar? Caio Mário da Silva Pereira (2022) sustenta ser inexigível o cumprimento de promessa de doação pura, porque esta representa uma liberalidade plena. Não cumprida a promessa, haveria uma execução coativa ou poderia o promitente doador ser responsabilizado por perdas e danos, nos termos do art. 389 do Código Civil – o que se mostra incompatível com a gratuidade do ato.

Tal óbice não existe, contudo, na doação onerosa, porque o encargo imposto ao donatário estabelece um dever exigível do doador.

## 8.6 Espécies de doação

A doação pode ser pura e simples (ou típica) quando o doador não impõe nenhuma restrição ou encargo ao beneficiário nem subordina sua eficácia a qualquer condição. O ato constitui uma liberalidade plena. É onerosa (modal, com encargo ou gravada) quando o doador impõe ao donatário uma incumbência ou dever. O encargo (representado, em geral, pela locução *com a obrigação de*) não suspende a aquisição nem o exercício do direito (art. 136, Código Civil).

Também há a doação remuneratória, a feita em retribuição a serviços prestados, cujo pagamento não pode ser exigido pelo donatário. É o caso, por exemplo, do cliente que paga serviços prestados por seu médico, mas quando a ação de cobrança já estava prescrita; há também o caso daquele que faz uma doação a quem lhe salvou a vida ou lhe deu apoio em momento de dificuldade.

A doação mista decorre da inserção de liberalidade em alguma modalidade diversa de contrato. Embora haja a intenção de doar, existe um preço fixado, caracterizando a venda. Pode ocorrer, ainda, na aquisição de um bem por preço superior ao valor real.

Já a doação em contemplação do merecimento do donatário (contemplativa) ocorre quando o doador menciona, expressamente, o motivo da liberalidade. Segundo o art. 540 do Código Civil, "a doação é pura e como tal se rege, não exigindo que o donatário mereça a dádiva" (Brasil, 2002).

A doação em forma de subvenção periódica constitui-se em uma pensão, como favor pessoal ao donatário, cujo pagamento termina com a morte do doador, não se transferindo a obrigação a seus herdeiros, salvo se o contrário houver, ele próprio, estipulado. Nesse caso, não pode ultrapassar a vida do donatário (art. 545, Código Civil).

O Código Civil prevê também a doação em contemplação de casamento futuro (*propter nuptias*). É o presente de casamento, dado em consideração às núpcias próximas do donatário com certa e determinada pessoa (art. 546, Código Civil).

Classifica-se como conjuntiva a doação a mais de uma pessoa. Entende-se distribuída entre os beneficiados, por igual, salvo se o doador dispuser em contrário (art. 551, Código Civil).

O legislador prevê também a doação com cláusula de retorno ou reversão. Permite o art. 547 que o doador estipule o retorno, ao seu patrimônio, dos bens doados, se sobreviver ao donatário. Não fosse essa cláusula, que configura condição resolutiva expressa, os referidos bens passariam aos herdeiros do último.

## 8.7 Doação entre concubinos

Dispõe o art. 550 do Código Civil que a doação entre concubinos pode ser anulada pelo outro cônjuge, ou por seus herdeiros necessários, até dois anos depois de dissolvida a sociedade conjugal. No art. 1.801, inciso III, o Código Civil também proíbe que o testador casado beneficie o concubino em seu testamento.

Mas o art. 550 é mais amplo, porque alcança o cúmplice no *adultério* – expressão mais ampla do que *concubino* (art. 1.727, Código Civil), por abranger também a pessoa que manteve um relacionamento sexual eventual com o doador.

Na mesma linha, prescreve o art. 1.642, inciso V, que tanto o marido quanto a mulher podem reivindicar os bens comuns, móveis ou imóveis, doados ou transferidos pelo outro cônjuge ao concubino, desde que provado que os bens não foram adquiridos pelo esforço comum destes, se o casal estiver separado de fato por mais de cinco anos, ainda que a doação se dissimule em venda ou outro contrato.

A doação não é nula, e sim anulável, pois não pode ser decretada de ofício pelo juiz.

## 8.8 Extinção da doação

Assim como todo contrato, também a doação está sujeita à extinção. Os meios naturais seriam o cumprimento da prestação, o fim do prazo do caso de doação com cláusula de reversão ou a morte, no caso de doação sob a forma de subvenção periódica. Há também as hipóteses de nulidades de anulabilidades vistas anteriormente.

Para além dessas hipóteses, o Código Civil, em seu art. 555, dispõe que a doação pode ser revogada por ingratidão do donatário ou por inexecução do encargo. Segundo explica Pablo Stolze Gagliano e Pamplona Filho (2021, p. 153), a revogação é um "direito potestativo, por meio do qual o doador, verificando a ocorrência de alguma das situações previstas expressamente em lei, manifesta vontade contrária à liberdade conferida, tornando sem efeito o contrato celebrado, e despojando, consequentemente, o donatário do bem doado".

Enquanto a nulidade da doação gera efeitos *ex tunc*, a revogação tem efeito *ex nunc*, e caberá ao doador o direito de revogar a doação na maior parte das situações.

A mais singela das hipóteses de revogação é aquela que resulta da inexecução do encargo, cabível quando a doação for onerosa. O art. 562 do Código Civil, ao tratar da revogação da doação por inexecução do encargo, explica que "A doação onerosa pode ser revogada por inexecução do encargo, se o donatário incorrer em mora. Não havendo prazo para o cumprimento, o doador poderá notificar judicialmente o donatário, assinando-lhe prazo razoável para que cumpra a obrigação assumida" (Brasil, 2002).

Importa, assim, verificar quais são as hipóteses de ingratidão do donatário, que autorizam a revogação da doação.

### 8.8.1 Revogação da doação por ingratidão

O legislador do Código Civil elencou, no art. 557, as hipóteses de revogação da doação por ingratidão, a saber:

> Art. 557. Podem ser revogadas por ingratidão as doações:
>
> I – se o donatário atentou contra a vida do doador ou cometeu crime de homicídio doloso contra ele;
>
> II – se cometeu contra ele ofensa física;
>
> III – se o injuriou gravemente ou o caluniou;
>
> IV – se, podendo ministrá-los, recusou ao doador os alimentos de que este necessitava. (Brasil, 2002)

Quando do início de vigência do Código Civil em 2002, a doutrina era unânime em afirmar que as hipóteses do art. 557 eram taxativas, ou seja, que o artigo merecia interpretação restritiva, não sendo possível ampliar as hipóteses de ingratidão para além delas.

Contudo, com a evolução e as mudanças ocorridas na sociedade e, consequentemente, no direito de família, a noção de afetividade ganhou relevo e passou a ser considerada como importante parâmetro para a interpretação dos deveres familiares. A partir de então, surgiu a ideia do chamado *abandono afetivo*, ou seja, para além do abandono material que pode ocorrer nas relações familiares, também a falta de amor, de carinho, de atenção e de convivência passou a ter valor para a compreensão de dignidade da pessoa humana.

Por essa razão, inseriu-se, ainda que por força de doutrina, ao lado do abandono material, o abandono afetivo como forma de ingratidão apta a gerar a revogação da doação. Portanto, já não mais se pode afirmar que o rol do art. 557 é taxativo, como consta no Enunciado n. 33 da I Jornada de Direito Civil: "O novo Código Civil estabeleceu um novo sistema para a revogação da doação por ingratidão, pois o rol legal previsto no art. 557 deixou de ser taxativo, admitindo, excepcionalmente, outras hipóteses" (CNJ, 2002).

A revogação da doação também é cabível nas hipóteses do art. 558, isto é, pode ocorrer também a revogação quando o ofendido, nos casos do artigo anterior, for o cônjuge, ascendente, descendente, ainda que adotivo, ou irmão do doador.

O procedimento para a revogação da doação é a propositura de uma ação revocatória, e o doador não pode renunciar antecipadamente o direito de revogar a liberalidade por ingratidão do donatário (art. 556, Código Civil).

O prazo para a propositura da ação revocatória é de um ano, a contar de quando chegue ao conhecimento do doador o fato que a autorizar, e de ter sido o donatário o seu autor (art. 559, Código Civil). O direito de revogar a doação não se transmite aos herdeiros do doador nem prejudica os do donatário. Porém, aqueles podem prosseguir na ação iniciada pelo doador, continuando-a contra os herdeiros do donatário, se este falecer depois de ajuizada a lide (art. 560, Código Civil).

No caso de homicídio doloso do doador, a ação caberá aos seus herdeiros, exceto se aquele houver perdoado (art. 561, Código Civil), e a revogação por ingratidão não prejudica os direitos adquiridos por terceiros, nem obriga o donatário a restituir os frutos percebidos antes da citação válida; mas sujeita-o a pagar os posteriores, e, quando não possa restituir em espécie as coisas doadas, a indenizá-la pelo meio termo do seu valor (art. 563, Código Civil).

Por fim, segundo o art. 564 do Código Civil, não se revogam por ingratidão: "I – as doações puramente remuneratórias; II – as oneradas com encargo já cumprido; III – as que se fizerem em cumprimento de obrigação natural; IV – as feitas para determinado casamento" (Brasil, 2002).

## PARA SABER MAIS

Consulte as indicações a seguir e aprofunde seus estudos:

CARNAÚBA, D. A.; REINIG, G. H. L. Nulidade da doação e conversão substancial do negócio jurídico: comentários ao acórdão do REsp 1.225.861/RS. **Revista de Direito Civil Contemporâneo**, São Paulo, v. 1, p. 400-09, 2014.

PENTEADO, L. de C. **Doação com encargo e causa contratual**: uma nova teoria do contrato. 2. ed. São Paulo: Revista dos Tribunais, 2013.

SCHREIBER, A. **Manual de direito civil contemporâneo**. São Paulo: Saraiva, 2019.

NEGREIROS, T. **Fundamentos para uma interpretação constitucional do princípio da boa-fé**. Rio de Janeiro: Renovar, 1998.

## SÍNTESE

Como vimos, a doação é o ato pelo qual uma pessoa, o doador, transfere gratuitamente bens ou direitos a outra pessoa, o donatário, com o objetivo de beneficiá-la. Essa transferência é movida pela intenção benevolente do doador e é um contrato consensual, em que a vontade das partes é fundamental.

A doação é marcada por características distintivas, como a gratuidade, a consensualidade, a unilateralidade e a irrevogabilidade. Essas características a tornam única em comparação com outros contratos.

A doação inoficiosa refere-se a uma doação que, no contexto das sucessões, excede os limites legais, prejudicando a legítima dos herdeiros necessários. Pode ser revista pelos herdeiros necessários em juízo, a fim de proteger seus direitos sucessórios.

A doação de ascendente para descendente é uma modalidade específica de doação sujeita a regras rígidas, que visam proteger a legítima dos demais herdeiros. É um tópico importante no direito das sucessões.

A doação universal ocorre quando o doador transfere todos os seus bens ao donatário. No entanto, existem restrições legais que limitam essa forma de doação, incluindo a proteção dos herdeiros necessários.

A promessa de doação é um compromisso legal de realizar uma doação futura. Embora não seja uma transferência imediata, pode criar obrigações legais vinculativas entre as partes.

Existem diversas espécies de doação, incluindo a doação pura e simples, a doação com encargo, a doação modal, a doação remuneratória, entre outras. Cada uma tem características e requisitos legais específicos.

Doações entre concubinos são doações realizadas em relacionamentos de convivência marital sem a formalização legal do casamento. Esse cenário envolve considerações legais e éticas particulares.

A doação pode ser extinta por diversas razões, incluindo o cumprimento das condições acordadas, a morte do doador ou do donatário, a renúncia do donatário e a revogação por ingratidão.

A revogação da doação por ingratidão ocorre quando o donatário comete atos graves contra o doador, como ofensas graves ou tentativas de homicídio. Nesses casos, a lei permite que o doador requeira judicialmente a revogação da doação como uma medida de proteção.

Em resumo, o contrato de doação é uma área complexa do direito civil brasileiro, abordando diversos aspectos legais e éticos. Compreender seus conceitos, características e implicações é essencial para garantir que as partes envolvidas estejam cientes de seus direitos e obrigações em transações de doação.

## Questões para revisão

1) Qual é o principal critério utilizado para conceituar um contrato como doação?

   a. Pagamento de um valor acordado.
   b. Transferência de bens ou direitos sem contrapartida financeira.
   c. Registro em cartório.
   d. Aceitação do donatário.

2) O que é a doação inoficiosa no contexto do direito das sucessões?

   a. Uma doação que não excede os limites legais.
   b. Uma doação realizada entre parentes consanguíneos.
   c. Uma doação que não é aceita pelo donatário.

d. Uma doação que prejudica a legítima dos herdeiros necessários.

3) Quando a revogação da doação por ingratidão pode ser solicitada pelo doador?

a. Sempre que o donatário discordar dos termos da doação.
b. Quando o donatário praticar atos graves contra o doador, como ofensas graves ou tentativa de homicídio.
c. A qualquer momento, sem necessidade de justificativa.
d. Quando o donatário vender o bem doado.

4) Defina o que é a doação e explique quais são suas características essenciais. Além disso, mencione como a doação de ascendente para descendente é tratada na legislação brasileira.

5) Explique o que é a revogação da doação por ingratidão, quais são os requisitos para que seja aplicada e quais são as consequências para o donatário em caso de revogação.

## Questões para reflexão

1) Explique o conceito de doação inoficiosa e discuta sua importância no direito das sucessões. Apresente também exemplos de situações em que a doação inoficiosa pode ser alegada.

2) Descreva as características e os requisitos essenciais da promessa de doação. Explique as implicações legais de uma promessa de doação não cumprida pelas partes envolvidas.

3) Diferencie a doação universal da doação de todos os bens do doador. Explique as implicações legais e as condições que envolvem essas modalidades de doação.

4) Explique em detalhes as espécies de doação previstas no Código Civil brasileiro e discuta as peculiaridades de cada uma delas. Cite exemplos práticos para ilustrar essas espécies de doação.

5) Analise as implicações legais e as complexidades envolvidas em uma doação entre concubinos. Discuta como o reconhecimento ou a negação desse tipo de doação pode afetar os direitos das partes envolvidas.

# IX

# Contrato de locação de bens imóveis

## Conteúdos do capítulo:

» Características da locação.
» Elementos essenciais da locação.
» Especificidades do contrato de locação de bens imóveis.
» Direitos e obrigações das partes na locação de imóveis.
» Extinção da locação.

## Após o estudo deste capítulo, você será capaz de:

1. elencar as características de um contrato de locação de imóvel;
2. identificar os elementos essenciais e as especificidades da locação de imóvel;
3. compreender os direitos e as obrigações das partes de um contrato de locação de imóvel;
4. discorrer sobre a extinção de um contrato de locação de imóvel.

Optamos, neste livro, por tratar da locação de bens imóveis por razões de ordem prática. A locação de imóveis é contrato muito utilizado e, por isso, muito discutido perante o Judiciário, estando atualmente sujeito às câmaras de arbitragem. O contrato de locação é negócio jurídico por meio do qual uma das partes (locador) se obriga a ceder à outra (locatário), por tempo determinado ou não, o uso e gozo de coisa infungível, mediante certa remuneração.

Vale lembrar que as modalidades de locação têm regulamentação diferenciada entre si, caracterizando um verdadeiro microssistema jurídico. A locação de imóveis é regulamentada pela Lei de Locações – Lei n. 8.245, de 18 de outubro de 1991. Flávio Tartuce (2022, p. 441) explica:

> Como é notório, a Lei de Locação (Lei 8.245/1991) constitui um microssistema jurídico ou estatuto jurídico próprio que regulamenta a locação de imóveis urbanos residenciais e não residenciais. Fazendo uma análise histórica do surgimento desse importante diploma, Silvio Capanema de Souza demonstra os seus objetivos fundamentais. O primeiro foi a gradual liberação do mercado, "rompendo-se, após tantos anos, o engessamento produzido pela camisa de força do dirigismo estatal". O segundo objetivo foi o de incentivar a construção de novas unidades para locação. O terceiro, a aceleração da prestação jurisdicional. Por fim, como último objetivo, sinaliza o doutrinador para "unificar o regime jurídico da locação de imóvel urbano, pondo fim ao emaranhado legislativo que antes existia"

O Código Civil, por sua vez, traz as principais características da locação quando dispõe que, na locação de coisas, uma das partes se obriga a ceder à outra, por tempo determinado ou não, o uso e gozo de coisa não fungível, mediante certa retribuição (art. 565). O conceito de locação, então, abrange os seguintes elementos: (a) cessão de uso e gozo da coisa; (b) mediante o pagamento de uma remuneração específica, o aluguel; (c) por certo período de tempo (determinado ou não). Aliás, cabe ressaltar que a Lei de Locações regula os contratos de locação de imóveis urbanos. Como bem lembra Flávio Tartuce (2022, p. 443), urge classificar quais espécies de locação são regidas pela Lei de Locações:

> a) Imóvel rural, agrário ou rústico – é aquele destinado à agricultura, à pecuária, ao extrativismo ou terrenos baldios. Está regulado pelo Estatuto da Terra (Lei 4.504/1964) ou pelo Código Civil.
>
> b) Imóvel urbano – é aquele destinado à residência, indústria, comércio e serviços com intuito empresarial. Está regulado pela Lei de Locação (Lei 8.245/1991). Em se tratando de locação comercial ou empresarial, a presença de elementos de negócios atípicos na sublocação não afasta a incidência da Lei de Locação. Nesse sentido julgou a Terceira Turma do Superior Tribunal de Justiça, a respeito de locação de posto de serviços, que "nos contratos coligados ou conexos há uma justaposição de modalidades diversas de contratos, de maneira que cada um destes mantém sua autonomia, preservando suas características próprias, haja vista que o objetivo da junção de tais contratos é possibilitar uma atividade econômica específica. O fato de o contrato de sublocação possuir outros pactos adjacentes não retira sua autonomia nem o desnatura, notadamente quando as outras espécies contratuais a ele se coligam com o único objetivo de concretizar e viabilizar sua finalidade econômica, de modo que as relações jurídicas dele decorrentes serão regidas pela Lei 8.245/1991. (STJ, REsp 1475477/MG, 3.ª

Turma, Rel. Min. Marco Aurélio Bellizze, j. 18.05.2021, DJe 24.05.2021).

Nas próximas seções, vejamos alguns detalhes importantes sobre a locação de imóveis urbanos.

## 9.1 Características do contrato de locação de bem imóvel

O contrato de locação de bem imóvel é um contrato bilateral (há obrigações para ambos os contratantes); comutativo (há como se determinar o quanto cada parte vai ganhar); oneroso (importa em sacrifício econômico para ambas as partes); consensual (surge do consenso das partes); e (esta última característica é fundamental) duradouro (o adimplemento se prolonga no tempo, renovando-se dia a dia, especialmente se for por tempo indeterminado).

## 9.2 Elementos essenciais da locação

Destacam-se como elementos essenciais da locação o tempo, a coisa e a retribuição.

### 9.2.1 Tempo no contrato de locação

O contrato de locação pode ou não ter prazo determinado. Dizemos, portanto, que a locação é contrato temporário. Observemos que, quando o contrato tiver prazo de duração determinado, tal prazo deverá ser respeitado. Em se tratando de contrato por prazo indeterminado, as partes poderão resilir o contrato a qualquer tempo, notificando umas às outras.

A Lei de Locação de Imóveis dispõe, em seu art. 6º, que o locatário poderá denunciar a locação por prazo indeterminado mediante aviso por escrito ao locador, com antecedência mínima de trinta dias. Ademais, em seu parágrafo único, prevê que, na ausência do aviso, o locador poderá exigir quantia correspondente a um mês de aluguel e encargos, vigentes quando da resilição.

## 9.2.2 Coisa ou bem objeto da locação

O objeto do contrato de locação pode ser coisa móvel ou imóvel, mas o bem sempre deve ser infungível. A coisa locada não precisa pertencer ao locador, como é o caso da sublocação.

A locação de bens móveis é regida pelo Código Civil, e a locação imobiliária é regulada pela Lei n. 8.245/1991, que, em seu art. 1º, prevê:

> Art. 1º A locação de imóvel urbano regula-se pelo disposto nesta lei:
>
> Parágrafo único. Continuam regulados pelo Código Civil e pelas leis especiais:
>
> a) as locações:
>
> 1. de imóveis de propriedade da União, dos Estados e dos Municípios, de suas autarquias e fundações públicas; [Decreto-Lei n. 9.760/1946 e Decreto-Lei n. 6.874/1944]
>
> 2. de vagas autônomas de garagem ou de espaços para estacionamento de veículos; [contratos atípicos, que misturam regras da locação, do depósito e da prestação de serviços]
>
> 3. de espaços destinados à publicidade; [Código Civil]

4. em apart-hotéis, hotéis-residência ou equiparados, assim considerados aqueles que prestam serviços regulares a seus usuários e como tais sejam autorizados a funcionar; [não regulamentado, por ser tratado como um contrato de hospedagem]

b) o arrendamento mercantil, em qualquer de suas modalidades [financeiro e operacional – regulado no ordenamento jurídico nacional pela Lei n. 6.099/1974, alterada pela Lei n. 7.132/1983 e pela Lei n. 11.882/2008, e por normas exaradas pelo Conselho Monetário Nacional, de competência do Banco Central do Brasil, como a Resolução n. 351/1975 e a Resolução n. 2.309/1996 – contrato no qual o bem é arrendado e pode ser adquirido ao final]

## 9.2.3 Retribuição ou preço da locação

O preço não deve ser atribuído unilateralmente, como indica o art. 19 da Lei de Locações: "não havendo acordo, o locador ou locatário, após três anos de vigência do contrato ou do acordo anteriormente realizado, poderão pedir revisão judicial do aluguel, a fim de ajustá-lo ao preço de mercado" (Brasil, 1991). Carlos Roberto Gonçalves (2023, p. 129) esclarece:

> Como também ocorre na compra e venda, o preço deve ser sério, isto é, real, pois se estipulado em valor ínfimo ou irrisório será, na realidade, fictício e descaracterizará o contrato. Deve ser, ainda, determinado ou ao menos determinável, nada impedindo, todavia, que seja variável de acordo com índices estabelecidos pela lei, ou contratados pelas partes de modo a não contrariá-la. A lei impõe, em regra, tetos aos reajustes. Embora o pagamento deva ser feito, via de regra, em dinheiro, nada obsta que se convencione outro modo, podendo ser misto, ou seja, parte

em dinheiro e parte em frutos e produtos ou em obras e benfeitorias feitas pelo locatário. Se, todavia, for efetuado exclusivamente com os frutos e produtos do imóvel, deixará de ser locação propriamente dita, convertendo-se em contrato inominado.

## 9.3 Especificidades do contrato de locação de bens imóveis

A Lei de Locações dá destaque a alguns temas que merecem um olhar cuidadoso por parte daquele que pretende trabalhar com locação de bens imóveis. A seguir, trataremos de algumas das questões mais polêmicas na atuação prática com a Lei de Locações.

### 9.3.1 Alienação de imóvel locado e direito de preferência

A Lei de Locações prevê direito de preferência legal ao locatário na compra do imóvel. Trata-se de proteção dada ao direito à moradia do locatário, que está previsto a partir do art. 27 da Lei de Locações. Vejamos:

> Art. 27. No caso de venda, promessa de venda, cessão ou promessa de cessão de direitos ou dação em pagamento, o locatário tem preferência para adquirir o imóvel locado, em igualdade de condições com terceiros, devendo o locador dar-lhe conhecimento do negócio mediante notificação judicial, extrajudicial ou outro meio de ciência inequívoca.
>
> Parágrafo único. A comunicação deverá conter todas as condições do negócio e, em especial, o preço, a forma de

pagamento, a existência de ônus reais, bem como o local e horário em que pode ser examinada a documentação pertinente. (Brasil, 1991)

A respeito do direito de preferência, Carlos Roberto Gonçalves (2023, p. 136) afirma:

> O inquilino tem preferência (preempção ou prelação legal) para a aquisição do imóvel, em caso de alienação (LI, art. 27). Se for preterido no seu direito, poderá reclamar do alienante as perdas e danos ou, depositando o preço e demais despesas do ato de transferência, haver para si o imóvel locado, se o requerer no prazo de seis meses, a contar do registro do ato no Cartório de Imóveis, desde que o contrato de locação esteja averbado pelo menos trinta dias antes da alienação junto à matrícula (art. 33). Existirá para o inquilino, assim, direito real de haver a coisa para si somente se tiver providenciado o registro do contrato, no aludido prazo. Não o tendo feito, o direito de preferência ou prelação legal será pessoal, resolvendo-se em perdas e danos.

Notemos que o legislador exige que se dê ao locatário ciência inequívoca e, portanto, deve haver certa formalidade nessa comunicação. Mesmo que diante dos modernos meios de comunicação, é importante lembrar que o direito de preferência tem por pano de fundo a proteção ao direito à moradia; logo, a notificação deve ser formal e fácil de comprovar.

Uma vez notificado, o locatário perderá o direito de preferência caso não se manifeste no prazo de 30 dias (art. 28, Lei de Locações). Ocorrendo aceitação da proposta pelo locatário, a posterior desistência do negócio pelo locador acarretará a este último responsabilidade pelos prejuízos ocasionados, inclusive lucros cessantes (art. 29, Lei de Locações).

Em caso de sublocação, caberá a preferência ao sublocatário e, em seguida, ao locatário. Se forem vários os sublocatários, a preferência caberá a todos, em comum, ou a qualquer deles, se um só for o interessado (art. 30, Lei de Locações). Caso haja pluralidade de pretendentes, caberá a preferência ao locatário mais antigo e, se da mesma data, ao mais idoso.

Em se tratando de alienação de mais de uma unidade imobiliária, o direito de preferência incidirá sobre a totalidade dos bens objeto da alienação (art. 31, Lei de Locações). O direito de preferência não alcança os casos de perda da propriedade ou venda por decisão judicial, permuta, doação, integralização de capital, cisão, fusão e incorporação (art. 32, Lei de Locações).

O locatário preterido em seu direito de preferência poderá reclamar do alienante as perdas e danos ou, depositando o preço e demais despesas do ato de transferência, haver para si o imóvel locado, se o requerer no prazo de seis meses, a contar do registro do ato no cartório de imóveis, desde que o contrato de locação esteja averbado pelo menos 30 dias antes da alienação junto à matrícula do imóvel. A averbação será feita à vista de qualquer das vias do contrato de locação, desde que subscrito também por duas testemunhas.

Por fim, havendo condomínio no imóvel, a preferência do condômino terá prioridade sobre a do locatário.

### 9.3.2 Direitos e obrigações das partes na locação de imóveis

Inicialmente, com relação ao locador, determina a Lei de Locações que, no decorrer do prazo estipulado para a duração do contrato, não poderá o locador reaver o imóvel alugado.

Com exceção do que estipula o parágrafo 2º do art. 54-A, o locatário, todavia, poderá devolvê-lo, pagando a multa pactuada, proporcional ao período de cumprimento do contrato, ou, em sua falta, a que for judicialmente estipulada.

O locatário ficará dispensado da multa se a devolução do imóvel decorrer de transferência, pelo seu empregador, privado ou público, para prestar serviços em localidades diversas daquela do início do contrato e se notificar, por escrito, o locador com prazo de, no mínimo, 30 dias de antecedência.

Caberá ao locatário a responsabilidade do pagamento das despesas condominiais, no caso as chamadas *despesas ordinárias*, previstas no art. 23, parágrafo 1º, da Lei de Locações.

Com relação à deterioração do imóvel, caso necessite de reparos urgentes, cuja realização incumba ao locador, o locatário é obrigado a consenti-los (art. 26, Lei de Locações). Se os reparos durarem mais de 10 dias, o locatário terá direito ao abatimento do aluguel, proporcional ao período excedente; se mais de 30 dias, poderá resilir o contrato.

Outra importante obrigação do locatário é o pagamento pontual do aluguel ajustado. A respeito do tema, o art. 20 da Lei de Locações determina que, salvo quando a locação não estiver garantida por qualquer das modalidades, bem como na locação para temporada, o locador não poderá exigir o pagamento antecipado do aluguel.

### 9.3.3 Garantias locatícias

O locador está autorizado pelo art. 37 da Lei de Locações a exigir do locatário as seguintes modalidades de garantia: caução; fiança; seguro de fiança locatícia; cessão fiduciária de quotas de fundo de investimento. Como esclarece Carlos Roberto Gonçalves (2023, p. 136),

O locador só pode exigir do inquilino as seguintes modalidades de garantia: a) caução, que pode ser em bens móveis ou imóveis, em títulos e ações e em dinheiro, não podendo, neste último caso, exceder o equivalente a três meses de aluguel; b) fiança; c) seguro de fiança locatícia; e d) cessão fiduciária de quotas de fundos de investimento (introduzida pela Lei n. 11.196, de 21-11-2005).

É vedada, sob pena de nulidade, mais de uma dessas modalidades em um mesmo contrato de locação (arts. 37, parágrafo único, e 38, Lei de Locações). Assim, "é nula de pleno direito a fiança, ainda que lavrada em documento separado, se no contrato de locação houve previsão de caução em dinheiro" (Brasil, 1991).

Nos termos do art. 39, salvo disposição contratual em contrário, qualquer das garantias da locação se estende até a efetiva devolução do imóvel, ainda que prorrogada a locação por prazo indeterminado.

A caução poderá ocorrer por meio de penhor ou hipoteca; no caso de fiança, se renunciar ao benefício de ordem, o fiador responderá com seu patrimônio.

### 9.3.4 Direito à indenização por benfeitorias

O legislador remete-se às benfeitorias eventualmente realizadas pelo locatário nos arts. 35 e 36 da Lei de Locações:

> Art. 35. Salvo expressa disposição contratual em contrário, as benfeitorias necessárias introduzidas pelo locatário, ainda que não autorizadas pelo locador, bem como as úteis, desde que autorizadas, serão indenizáveis e permitem o exercício do direito de retenção.
>
> Art. 36. As benfeitorias voluptuárias não serão indenizáveis, podendo ser levantadas pelo locatário, finda a

locação, desde que sua retirada não afete a estrutura e a substância do imóvel. (Brasil, 1991)

Embora a regra seja a de direito de retenção e ressarcimento por benfeitorias úteis e necessárias, o legislador, no art. 35, ressalva a possibilidade de o locatário abrir mão desse direito. Após muitas discussões na doutrina e na jurisprudência, a Súmula n. 335 do Superior Tribunal de Justiça (STJ) esclarece ser válida cláusula contratual de renúncia de indenização de benfeitorias e direito de retenção.

### 9.3.5 Sublocação

Como ressaltamos anteriormente, o possuidor também pode alugar o imóvel sobre o qual exerce posse, o que inclui a possibilidade de o locatário sublocar o imóvel. A lei apenas ressalva, no art. 13, que a cessão da locação, a sublocação e o empréstimo do imóvel, total ou parcialmente, dependem do consentimento prévio e escrito do locador. O valor do aluguel da sublocação não poderá exceder o da locação e, nas habitações coletivas multifamiliares, a soma dos aluguéis não poderá ser superior ao dobro do valor da locação.

## 9.4 Extinção do contrato de locação

Ao tratar da extinção da locação, é necessário observar a distinção entre os contratos por prazo determinado e aqueles por prazo indeterminado. Na hipótese de locação por prazo indeterminado, o art. 6º da Lei de Locações define que o locatário poderá denunciar a locação por prazo indeterminado mediante aviso por escrito ao locador, com antecedência mínima de 30 dias. Já a extinção de contratos por prazo determinado compreende questões um pouco mais complexas.

Inicialmente, o art. 46 da Lei de Locações determina que, nas locações ajustadas por escrito e por prazo igual ou superior a 30 meses, a resolução do contrato ocorrerá findo o prazo estipulado, independentemente de notificação ou aviso. Após o término do prazo ajustado, se o locatário continuar na posse do imóvel alugado por mais de 30 dias sem oposição do locador, presumir-se-á prorrogada a locação por prazo indeterminado, mantidas as demais cláusulas e condições do contrato. Por fim, ocorrendo a prorrogação, o locador poderá denunciar o contrato a qualquer tempo, concedido o prazo de 30 dias para desocupação. Observa-se, no caso, hipótese de denúncia vazia.

O art. 47 trata de questão de modo diferente. Vejamos:

> Art. 47. Quando ajustada verbalmente ou por escrito e como prazo inferior a trinta meses, findo o prazo estabelecido, a locação prorroga-se automaticamente, por prazo indeterminado, somente podendo ser retomado o imóvel:
>
> I – Nos casos do art. 9º; [outras hipóteses de extinção]
>
> II – em decorrência de extinção do contrato de trabalho se a ocupação do imóvel pelo locatário relacionada com o seu emprego;
>
> III – se for pedido para uso próprio, de seu cônjuge ou companheiro, ou para uso residencial de ascendente ou descendente que não disponha, assim como seu cônjuge ou companheiro, de imóvel residencial próprio;
>
> IV – se for pedido para demolição e edificação licenciada ou para a realização de obras aprovadas pelo Poder Público, que aumentem a área construída, em, no mínimo, vinte por cento ou, se o imóvel for destinado a exploração de hotel ou pensão, em cinquenta por cento;

V – se a vigência ininterrupta da locação ultrapassar cinco anos. [Exige-se, neste caso, a chamada *denúncia cheia*.] (Brasil, 1991)

Quando o imóvel for requisitado para uso próprio, de cônjuge ou companheiro, ou para uso residencial de ascendente ou descendente que não disponha, assim como seu cônjuge ou companheiro, de imóvel residencial próprio para seu uso, a necessidade deverá ser judicialmente demonstrada, se: (a) o retomante, alegando necessidade de usar o imóvel, estiver ocupando, com a mesma finalidade, outro de sua propriedade situado nas mesma localidade ou, residindo ou utilizando imóvel alheio, já tiver retomado o imóvel anteriormente; b) o ascendente ou descendente, beneficiário da retomada, residir em imóvel próprio.

Com a morte do locador, a locação se transmite aos herdeiros. Com relação à morte do locatário, o art. 11 da Lei de Locações assim dispõe:

> Art. 11. Morrendo o locatário, ficarão sub-rogados nos seus direitos e obrigações:
>
> I – nas locações com finalidade residencial, o cônjuge sobrevivente ou o companheiro e, sucessivamente, os herdeiros necessários e as pessoas que viviam na dependência econômica do de cujus, desde que residentes no imóvel;
>
> II – nas locações com finalidade não residencial, o espólio e, se for o caso, seu sucessor no negócio. (Brasil, 1991)

Em casos de separação de fato, separação judicial, divórcio ou dissolução da união estável, a locação residencial prosseguirá automaticamente com o cônjuge ou companheiro que permanecer no imóvel (art. 12, Lei de Locações).

Existem, ainda, as hipóteses de extinção do art. 9º, a saber:

Art. 9º A locação também poderá ser desfeita:

I – por mútuo acordo;

II – em decorrência da prática de infração legal ou contratual;

III – em decorrência da falta de pagamento do aluguel e demais encargos;

IV – para a realização de reparações urgentes determinadas pelo Poder Público, que não possam ser normalmente executadas com a permanência do locatário no imóvel ou, podendo, ele se recuse a consenti-las. (Brasil, 1991)

No caso de locação de imóvel não residencial (locação comercial), o contrato por prazo determinado cessa, de pleno direito, findo o prazo estipulado, independentemente de notificação ou aviso (art. 56, Lei de Locações). Já o contrato por prazo indeterminado pode ser denunciado por escrito pelo locador, concedidos ao locatário 30 dias para a desocupação.

Como forma de proteção ao fundo de comércio e ao patrimônio imaterial da pessoa jurídica, o legislador prevê a possibilidade de propositura pelo locatário da ação renovatória. Em seu art. 51, a Lei de Locações assim determina:

Art. 51. Nas locações de imóveis destinados ao comércio, o locatário terá direito a renovação do contrato, por igual prazo, desde que, cumulativamente:

I – o contrato a renovar tenha sido celebrado por escrito e com prazo determinado;

II – o prazo mínimo do contrato a renovar ou a soma dos prazos ininterruptos dos contratos escritos seja de cinco anos;

III – o locatário esteja explorando seu comércio, no mesmo ramo, pelo prazo mínimo e ininterrupto de três anos.

§ 1º O direito assegurado neste artigo poderá ser exercido pelos cessionários ou sucessores da locação; no caso de sublocação total do imóvel, o direito a renovação somente poderá ser exercido pelo sublocatário.

§ 2º Quando o contrato autorizar que o locatário utilize o imóvel para as atividades de sociedade de que faça parte e que a esta passe a pertencer o fundo de comércio, o direito a renovação poderá ser exercido pelo locatário ou pela sociedade.

§ 3º Dissolvida a sociedade comercial por morte de um dos sócios, o sócio sobrevivente fica sub-rogado no direito a renovação, desde que continue no mesmo ramo.

§ 4º O direito a renovação do contrato estende-se às locações celebradas por indústrias e sociedades civis com fim lucrativo, regularmente constituídas, desde que ocorrentes os pressupostos previstos neste artigo.

§ 5º Do direito a renovação decai aquele que não propuser a ação no interregno de um ano, no máximo, até seis meses, no mínimo, anteriores à data da finalização do prazo do contrato em vigor. (Brasil, 1991)

O locatário terá direito a indenização para ressarcimento dos prejuízos e dos lucros cessantes que tiver que arcar com mudança, perda do lugar e desvalorização do fundo de comércio, se a renovação não ocorrer em razão de proposta de terceiro, em melhores condições, ou se o locador, no prazo de três meses da entrega do imóvel, não der o destino alegado ou não iniciar as obras determinadas pelo Poder Público ou que declarou pretender realizar.

## Para saber mais

Consulte as indicações a seguir e aprofunde os estudos deste capítulo:

CAPANEMA, S. A locação do imóvel urbano e seus novos modelos. **Revista da EMERJ**, v. 13, n. 50, p. 220-227, 2010. Disponível em: <https://www.emerj.tjrj.jus.br/revistaemerj_online/edicoes/revista50/Revista50_220.pdf>. Acesso em: 14 set. 2023.

CAPANEMA, S. **Comentários ao novo Código Civil**: das várias espécies de contrato. Da troca ou permuta. Do contrato estimatório. Da doação. Da locação de coisas (arts. 533 a 578). Rio de Janeiro: Forense, 2004.

## Síntese

A conclusão deste capítulo sobre o contrato de locação de bens imóveis nos permite refletir sobre a complexidade e a relevância desse instituto jurídico em nossa sociedade. Ao longo deste capítulo, exploramos o conceito de locação, suas características distintivas e os elementos essenciais que o compõem.

Discutimos a importância do tempo como um fator determinante nos contratos de locação, bem como a necessidade de especificar com clareza a coisa ou o bem objeto da locação. Abordamos também a questão crucial da retribuição ou preço da locação, destacando como essa contraprestação é fundamental para a manutenção do contrato.

Descrevemos as especificidades do contrato de locação de bens imóveis, incluindo as regras que regem a alienação do imóvel locado e o direito de preferência do locatário. Além disso, examinamos os direitos e as obrigações das partes envolvidas na locação, bem como as garantias locatícias que podem ser exigidas para proteger os interesses das partes.

Também analisamos a questão das benfeitorias realizadas no imóvel locado e o direito à indenização por essas melhorias, ressaltando a importância da documentação adequada nesse processo.

Por fim, abordamos as situações de sublocação e as diferentes formas de extinção do contrato de locação, reconhecendo que a finalização do contrato pode ocorrer de diversas maneiras, seja por vontade das partes, seja por término do prazo, seja por outras circunstâncias previstas em lei.

É crucial compreender os elementos essenciais do contrato de locação, bem como os direitos e as obrigações das partes envolvidas, a fim de garantir relações locatícias justas e equitativas. Concluímos este capítulo com a consciência de que o estudo contínuo e a aplicação adequada das normas relativas à locação são fundamentais para a construção de uma sociedade baseada no respeito aos contratos e no cumprimento das obrigações assumidas.

## Questões para revisão

1) Como se define o contrato de locação de bem imóvel?

   a. Um acordo verbal entre as partes.
   b. Um contrato que envolve a transferência de propriedade do imóvel.
   c. Um acordo pelo qual o locador se compromete a ceder o uso e gozo de um bem imóvel ao locatário mediante pagamento de um preço.
   d. Um contrato que não envolve o uso de bens imóveis.

2) Quais são os elementos essenciais de um contrato de locação de bens imóveis?

   a. Tempo e lugar da celebração.
   b. Identificação das partes e pagamento de taxas adicionais.
   c. A coisa ou o bem objeto da locação, a retribuição ou o preço da locação e o consentimento mútuo das partes.
   d. Garantias locatícias e direitos de preferência.

3) O que é o direito de preferência em um contrato de locação de imóvel?

   a. O direito do locador de rescindir o contrato a qualquer momento.
   b. O direito do locatário de comprar o imóvel se o locador decidir vendê-lo a terceiros.
   c. O direito do locatário de desocupar o imóvel a qualquer momento sem penalidades.
   d. O direito do locador de aumentar o valor do aluguel a seu critério.

4) Explique detalhadamente quais são os elementos essenciais de um contrato de locação de bens imóveis.

5) Descreva as principais garantias locatícias que podem ser exigidas em um contrato de locação de imóveis e explique suas finalidades.

## QUESTÕES PARA REFLEXÃO

1) Explique o conceito de contrato de locação de bem imóvel e destaque suas principais características.

2) Quais são os elementos essenciais da locação de bens imóveis? Descreva cada um deles.

3) Explique a diferença entre locação por prazo determinado e locação por prazo indeterminado no que diz respeito ao tempo no contrato de locação.

4) Explique o direito à indenização por benfeitorias em um contrato de locação de bem imóvel e os critérios para sua aplicação.

# X

# Contrato de prestação de serviços

## Conteúdos do capítulo:

» Características do contrato de prestação de serviços.
» Prazo dos contratos de prestação de serviços.
» Especificidades dos contratos de prestação de serviços.
» Extinção do contrato de prestação de serviços.

## Após o estudo deste capítulo, você será capaz de:

1. elencar as características de um contrato de prestação de serviços;
2. compreender a questão do prazo nos contratos de prestação de serviços;
3. entender as especificidades dos contratos de prestação de serviços;
4. discorrer sobre a extinção de um contrato de prestação de serviços.

## 10.1 Características do contrato de prestação de serviços

O contrato de prestação de serviços é negócio jurídico por meio do qual uma das partes, chamada *prestador*, obriga-se a realizar uma atividade em benefício da outra, denominada *tomador*, mediante remuneração. É aplicável a qualquer tipo de atividade lícita, manual ou intelectual. A proximidade do contrato de prestação de serviços com o contrato de emprego é clara, mas diferencia-se pelo elemento subordinação, ou hierarquização. Vejamos os arts. 593 e 594 do Código Civil:

> Art. 593. A prestação de serviço, que não estiver sujeita às leis trabalhistas ou a lei especial, reger-se-á pelas disposições deste Capítulo.
>
> Art. 594. Toda a espécie de serviço ou trabalho lícito, material ou imaterial, pode ser contratada mediante retribuição. (Brasil, 2002)

O contrato de prestação de serviços geralmente veicula uma obrigação de meio, e não de resultado. A obrigação será de resultado apenas quando a obrigação contratada for personalíssima. Carlos Roberto Gonçalves (2023, p. 150) esclarece a diferença entre a prestação de serviços e o contrato de empreitada:

> Embora na empreitada também haja prestação de serviços, o Código Civil a disciplina em capítulo próprio. Nela, uma das partes se obriga a realizar determinada obra com seu trabalho, e às vezes também com o fornecimento dos materiais. O empreiteiro trabalha por conta própria, com absoluta independência, assumindo os riscos inerentes à sua atividade, enquanto o prestador de serviços exerce uma atividade para o empregador, mediante remuneração, por conta e risco deste e sob suas

ordens. A encomenda de outros tipos de trabalho, como o parecer solicitado a um jurista, por exemplo, é tratada como prestação de serviço.

Normalmente, o contrato é realizado em função de uma prestação de fazer estabelecida, certa e determinada, mas é possível estabelecer um contrato de prestação de serviços sem que se determine uma obrigação específica.

O contrato de prestação de serviços é típico e nominado, bilateral e comutativo, dada a equivalência das prestações. Pode ser paritário ou por adesão, é contrato não solene, individual e, em regra, personalíssimo, nos termos do art. 605 do Código Civil: "Nem aquele a quem os serviços são prestados, poderá transferir a outrem o direito aos serviços ajustados, nem o prestador de serviços, sem aprazimento da outra parte, dar substituto que os preste" (Brasil, 2002).

## 10.2 Prazo do contrato de prestação de serviços

O Código Civil trata da duração do contrato de prestação de serviços nos arts. 598 a 604. Inicialmente, ressaltemos que a prestação de serviço não se poderá convencionar por mais de quatro anos, embora o contrato tenha por causa o pagamento de dívida de quem o presta ou se destine à execução de certa e determinada obra. Nesse caso, decorridos quatro anos, dar-se-á por findo o contrato, ainda que não concluída a obra (art. 598, Código Civil).

Existe, no caso, o direito ao aviso prévio, pois as partes poderão estabelecer um contrato por prazo indeterminado, que será resilido com a notificação, ou seja, o aviso prévio. Vale lembrar também que a contagem do tempo da prestação do serviço e do aviso prévio são riscos assumidos pelo prestador.

Caso não haja prazo estipulado expressamente pelas partes nem se possa inferir da natureza do contrato ou do costume do lugar, qualquer das partes, a seu arbítrio, mediante prévio aviso, poderá resolver o contrato.

Art. 599. [...]

Parágrafo único. Dar-se-á o aviso:

I – com antecedência de oito dias, se o salário se houver fixado por tempo de um mês, ou mais;

II – com antecipação de quatro dias, se o salário se tiver ajustado por semana, ou quinzena;

III – de véspera, quando se tenha contratado por menos de sete dias. (Brasil, 2002)

## 10.3 Especificidades do contrato de prestação de serviços

Determina ainda o legislador que, não sendo o prestador de serviço contratado para certo e determinado trabalho, entender-se-á que se obrigou a todo e qualquer serviço compatível com suas forças e condições (art. 601, Código Civil).

O citado art. 601 merece leitura e interpretação conjunta com o art. 606:

Art. 606. Se o serviço for prestado por quem não possua título de habilitação, ou não satisfaça requisitos outros estabelecidos em lei, não poderá quem os prestou cobrar a retribuição normalmente correspondente ao trabalho executado. Mas se deste resultar benefício para a outra parte, o juiz atribuirá a quem o prestou uma compensação razoável, desde que tenha agido com boa-fé.

Parágrafo único. Não se aplica a segunda parte deste artigo, quando a proibição da prestação de serviço resultar de lei de ordem pública. (Brasil, 2002)

Exige-se, portanto, que o prestador seja habilitado para o serviço para o qual foi contratado. Caso essa habilitação não exista, ainda assim poderá o prestador exigir o pagamento pelos serviços prestados desde que haja: (a) benefício ao tomador; (b) boa-fé do prestador. Tal entendimento decorre da vedação ao enriquecimento sem causa do tomador do serviço ainda que violada norma de ordem pública (por exemplo, funcionários que prestam serviços para a Administração Pública sem concurso).

Quanto à responsabilidade do prestador de serviço em relação à obra, determina o legislador, no art. 602, que o prestador de serviço contratado por tempo certo ou por obra determinada não se pode ausentar ou despedir, sem justa causa, antes de preenchido o tempo ou concluída a obra. Em caso de despedir-se sem justa causa, terá direito à retribuição vencida, mas responderá por perdas e danos. O mesmo acontecerá se despedido por justa causa.

Se o prestador de serviço for despedido sem justa causa, a outra parte será obrigada a pagar-lhe por inteiro a retribuição vencida e por metade a que lhe tocaria de então ao termo legal do contrato (art. 603, Código Civil).

## 10.4 Extinção do contrato de prestação de serviços

As hipóteses de extinção do contato de prestação de serviços estão previstas no art. 607 do Código Civil, ou seja, o contrato de prestação de serviço acaba com a morte de qualquer das partes.

Termina, ainda, pelo escoamento do prazo, pela conclusão da obra, pela rescisão do contrato mediante aviso prévio, por inadimplemento de qualquer das partes ou pela impossibilidade da continuação do contrato, motivada por força maior.

### Para saber mais

Aprofunde seus conhecimentos sobre o tema deste capítulo consultando as indicações a seguir elencadas:

DINIZ, M. H. **Código Civil anotado**. 14. ed. São Paulo: Saraiva, 2009.

GONÇALVES, C. R. **Direito civil brasileiro**: contratos e atos unilaterais. 20. ed. São Paulo: Saraiva, 2023. v. 3.

VENOSA, S. de S. **Direito civil**: contratos. 22. ed. São Paulo: Grupo GEN, 2022. v. 3.

RIZZARDO, A. **Contratos**. 20. ed. São Paulo: Grupo GEN, 2021.

GOMES, O. **Contratos**. 28. ed. São Paulo: Grupo GEN, 2022.

## Síntese

No decorrer deste capítulo, exploramos os elementos essenciais e as características do contrato de prestação de serviços, um importante instrumento jurídico que rege as relações entre prestadores e tomadores de serviços. Identificamos que esse contrato abrange uma ampla gama de atividades lícitas, sejam elas de natureza manual ou intelectual, e ressaltamos a distinção fundamental entre a prestação de serviços e o contrato de empreitada, enfatizando a subordinação como o elemento diferenciador.

Abordamos o prazo do contrato de prestação de serviços, destacando que, em regra, não pode ser estipulado por mais de quatro anos, com exceções específicas. Além disso, discutimos a importância do aviso prévio como um mecanismo de resilição do contrato em casos de prazo indeterminado, garantindo direitos e obrigações às partes.

Examinamos também as especificidades desse tipo de contrato, como a amplitude da obrigação do prestador de serviços quando não há uma tarefa específica estabelecida, bem como as implicações legais quando o prestador não tem a habilitação necessária.

Descrevemos as responsabilidades do prestador de serviços em relação à obra contratada e as consequências em caso de despedida sem justa causa, enfatizando a importância da observância dos direitos e deveres de ambas as partes.

Por fim, exploramos as diferentes formas de extinção do contrato de prestação de serviços, incluindo a morte das partes, o término do prazo, a conclusão da obra, a rescisão por aviso prévio, o inadimplemento e a impossibilidade da continuação do contrato em virtude de força maior.

Em suma, o contrato de prestação de serviços é um instrumento jurídico flexível e essencial em nossa sociedade, abrangendo uma variedade de atividades e relações comerciais. Conhecer suas características, prazos, especificidades e formas de extinção é crucial para garantir o cumprimento adequado das obrigações contratuais e a proteção dos direitos de ambas as partes envolvidas. A compreensão desses aspectos contribui para a segurança jurídica e a justiça nas relações contratuais de prestação de serviços.

## Questões para revisão

1) Qual é a principal característica do contrato de prestação de serviços?

   a. Hierarquização.
   b. Subordinação.
   c. Bilateralidade.
   d. Comutatividade.

2) De acordo com o Código Civil, em que situação a prestação de serviço será de resultado?

   a. Quando o serviço não envolver remuneração.
   b. Quando o serviço for personalíssimo.
   c. Quando a obrigação contratada for de meio.
   d. Quando a obrigação contratada for de fazer estabelecida, certa e determinada.

3) Como o Código Civil define o contrato de prestação de serviços em relação à personalidade das partes?

   a. Contrato paritário.

b. Contrato individual.
c. Contrato personalíssimo.
d. Contrato coletivo.

4) Explique as principais diferenças entre o contrato de prestação de serviços e o contrato de empreitada, de acordo com as informações apresentadas no texto.

5) Quais são as especificidades do contrato de prestação de serviços em relação à personalidade das partes e como o Código Civil trata essa questão?

## Questões para reflexão

1) Quais são os prazos estabelecidos pelo Código Civil para a duração do contrato de prestação de serviços? Esses prazos podem ser alterados pelas partes? Explique.

2) Quais são as implicações legais quando o prestador de serviço não tem habilitação para realizar a atividade contratada? Como o juiz pode agir nesses casos?

3) Quais são as hipóteses de extinção do contrato de prestação de serviços de acordo com o Código Civil? Explique cada uma delas mencionando os artigos correspondentes.

4) O que significa a obrigação de meio em um contrato de prestação de serviços? Como essa obrigação se diferencia da obrigação de resultado? Explique.

5) Como o Código Civil trata da responsabilidade do prestador de serviços em relação à obra e à rescisão do contrato? Explique as implicações legais quando um prestador se ausenta sem justa causa ou é despedido por justa causa antes de preenchido o tempo ou concluída a obra.

# XI

## Contratos de empréstimo: mútuo e comodato

**CONTEÚDOS DO CAPÍTULO:**

» Contrato de comodato: características e direitos e obrigações das partes.
» Contrato de mútuo: características e especificidades.

**APÓS O ESTUDO DESTE CAPÍTULO, VOCÊ SERÁ CAPAZ DE:**

1. elencar as características de um contrato de comodato;
2. compreender os direitos e as obrigações das partes de um contrato de comodato;
3. apontar as características e as especificidades de um contrato de mútuo.

Neste capítulo final, trataremos dos contratos de empréstimo previstos no Código Civil: comodato (arts. 579 a 585) e mútuo (arts. 586 a 592).

Ao introduzirem o tema dos contratos de empréstimo, Pablo Stolze Gagliano e Rodolfo Pamplona Filho (2021, p. 173) lembram que "a economia e a história demonstraram, ao longo dos séculos, que nem sempre se persegue, em tais contratos – especialmente o mútuo – a realização de um benefício, podendo também existir acentuado escopo especulativo, tornando-se um fabuloso instrumento de riqueza para algumas classes".

## 11.1 Contrato de comodato

O contrato de comodato é negócio jurídico unilateral e gratuito por meio do qual uma das partes (comodante) transfere à outra (comodatário) a posse de determinado bem, móvel ou imóvel, com a obrigação de restituir. É empréstimo de bem infungível, ou seja, insubstituível, e gera a transferência da posse precária, sem ânimo de dono, o que impede a prescrição aquisitiva oriunda de usucapião. Está previsto no art. 579 do Código Civil: "O comodato é o empréstimo gratuito de coisas não fungíveis. Perfaz-se com a tradição do objeto" (Brasil, 2002).

O art. 580 do Código Civil prevê que os tutores, os curadores e em geral todos os administradores de bem alheios não poderão dar em comodato, sem autorização especial, os bens confiados à sua guarda.

### 11.1.1 Características do contrato de comodato

O contrato de comodato é contrato real, pois se considera concluído quando o comodante entrega o bem ao comodatário. É também unilateral, pois apenas o comodatário assume obrigação perante o comodante.

É contrato gratuito ou benéfico, fiduciário, pois baseado na confiança existente entre as partes. Trata-se de contrato temporário, que não se transmite a herdeiros, até porque é contrato personalíssimo.

Apesar de se tratar, em regra, de contrato gratuito, é possível, e bastante comum, o comodato modal, por exemplo, quando o fabricante empresta ao comerciante prateleiras, refrigeradores e dispositivos de divulgação para que venda os produtos de sua fabricação. Nesse caso, configura-se um comodato com encargo.

Pode ser paritário ou de adesão e tem forma livre. Pode ser contrato de consumo, como no caso em que a empresa empresta o aparelho roteador ao assinante de TV a cabo.

É contrato temporário, nos termos do art. 581 do Código Civil, ou seja, se o comodato não tiver prazo convencional, presume-se o necessário para o uso concedido, não podendo o comodante, salvo necessidade imprevista e urgente, reconhecida pelo juiz, suspender o uso e gozo da coisa emprestada, antes de findo o prazo convencional ou o que se determine pelo uso outorgado. Para Pablo Stolze Gagliano e Rodolfo Pamplona Filho (2021, p. 174),

> A posse exercida pelo comodatário, por ser de natureza instável e sem *animus domini* (intenção de atuar como dono), poderá durar por tempo indeterminado, sem que se consume a prescrição aquisitiva oriunda do usucapião. Em outras palavras, por estar exercendo uma posse

simplesmente de favor, o comodatário não poderá usucapir o bem. Entretanto, caso o proprietário notifique-o para que devolva a coisa, e a restituição seja negada, a partir daí começa a fluir o prazo prescricional em favor do prescribente-comodatário, uma vez que, tendo afrontado o verdadeiro dono, passou a atuar como se proprietário fosse.

Normalmente, no caso de contrato escrito, as partes estabelecem prazo para o contrato de comodato. O comodato verbal será feito por prazo indeterminado, devendo o comodante notificar o comodatário.

### 11.1.2 Direitos e obrigações das partes no contrato de comodato

Trata-se de contrato unilateral, que impõe ao comodatário essencialmente o dever de restituir a coisa.

O comodatário é obrigado a conservar, como se sua própria fora, a coisa emprestada, não podendo usá-la senão de acordo com o contrato ou a natureza dela, sob pena de responder por perdas e danos. O comodatário constituído em mora, além de por ela responder, pagará, até restituí-la, o aluguel da coisa que for arbitrado pelo comodante (art. 582, Código Civil).

Se, correndo risco o objeto do comodato juntamente com outros do comodatário, antepuser este a salvação de seus abandonando o do comodante, responderá pelo dano ocorrido, ainda que se possa atribuir a caso fortuito ou força maior (art. 583, Código Civil).

O comodatário não poderá jamais recobrar do comodante as despesas feitas com o uso e gozo da coisa emprestada; todavia, entende-se que o disposto no art. 584 não se aplica às despesas imprescindíveis à conservação da coisa.

Por fim, se duas ou mais pessoas forem simultaneamente comodatárias de uma coisa, ficarão solidariamente responsáveis para com o comodante (art. 585, Código Civil).

## 11.2 Contrato de mútuo

O contrato de mútuo é empréstimo de consumo. Trata-se de negócio jurídico unilateral por meio do qual o mutuante transfere a propriedade de objeto móvel fungível ao mutuário, que se obriga à devolução, em coisa do mesmo gênero, qualidade e quantidade. Nos termos do art. 586 do Código Civil, o mútuo é o empréstimo de coisas fungíveis. O mutuário é obrigado a restituir ao mutuante o que dele recebeu em coisa do mesmo gênero, qualidade e quantidade.

Notemos que, enquanto o comodato é o empréstimo de uso, o mútuo é o empréstimo de consumo.

O mutuário se torna dono da coisa a partir do momento em que ela é transferida, ou seja, segundo o art. 587, esse empréstimo transfere o domínio da coisa emprestada ao mutuário, por conta do qual correm todos os riscos dela desde a tradição.

### 11.2.1 Características do mútuo

O contrato de mútuo também é contrato real e unilateral, que pode ser gratuito, mas geralmente é oneroso, constituindo o chamado *mútuo a juros* ou *mútuo feneratício*. É contrato temporário, que pode ser paritário ou de adesão, não solene, sendo um contrato de crédito ou de confiança.

Por ser temporário, o legislador do Código Civil, em seu art. 592, dispõe que, não se tendo convencionado expressamente, o prazo do mútuo será: (a) até a próxima colheita, se o mútuo for de produtos agrícolas, assim para o consumo, como para semeadura; (b) de 30 dias, pelo menos, se for de dinheiro; (c) do espaço de tempo que declarar o mutuante, se for de qualquer outra coisa fungível.

Atualmente, os contratos de mútuo são, em sua maioria, contratos bancários e de consumo, sujeitos também às regras do Código de Defesa do Consumidor. Aliás, a Súmula n. 297 do Superior Tribunal de Justiça (STJ) reconhece que o Código de Defesa do Consumidor é aplicável às instituições financeiras.

Como bem explica Flávio Tartuce (2022, p. 602),

> como a coisa é transferida a outrem e consumida, sendo devolvida outra de mesmo gênero, qualidade e quantidade, o contrato é translativo da propriedade, o que o aproxima da compra e venda somente neste ponto. Por transferir o domínio da coisa emprestada, por conta do mutuário correm todos os riscos da coisa desde a tradição (art. 587 do CC).

### 11.2.2 Especificidades do contrato de mútuo

Em curiosa regra, o Código Civil, a partir do art. 588, trata do mútuo a menor. O mútuo feito a pessoa menor, sem prévia autorização daquele sob cuja guarda estiver, não pode ser reavido nem do mutuário, nem de seus fiadores. Flávio Tartuce (2022, p. 603) esclarece:

> O mútuo feito a menor de 18 anos, tema clássico do Direito Civil, continua tratado pela atual codificação. Em regra, o mútuo feito a menor sem a autorização do seu representante ou daquele sob cuja guarda estiver, não poderá ser reavido nem do mutuário, nem de seus fiadores (art. 588 do CC). Trata-se, portanto, de caso de

ineficácia do negócio, pois a obrigação é natural ou incompleta: a dívida existe, mas não há a correspondente responsabilidade ("Schuld sem Haftung").

Nesse contexto, vejamos o teor do art. 589 do Código Civil:

Art. 589. Cessa a disposição do artigo antecedente:

I – se a pessoa, de cuja autorização necessitava o mutuário para contrair o empréstimo, o ratificar posteriormente;

II – se o menor, estando ausente essa pessoa, se viu obrigado a contrair o empréstimo para os seus alimentos habituais;

III – se o menor tiver bens ganhos com o seu trabalho. Mas, em tal caso, a execução do credor não lhes poderá ultrapassar as forças;

IV – se o empréstimo reverteu em benefício do menor;

V – se o menor obteve o empréstimo maliciosamente. (Brasil, 2002)

Ainda para Flávio Tartuce (2022 p. 603),

os incisos III, IV e V da norma merecem comentário, sendo os dois últimos novidades da codificação atual. O inciso III visa a proteger a dignidade do menor (art. 1.º, III, da CF/1988), preservando um piso mínimo de direitos (Estatuto jurídico do patrimônio mínimo, tese desenvolvida pelo Ministro Luiz Edson Fachin). Já o inciso IV pretende afastar o enriquecimento sem causa, nos termos do que ordena o art. 884 do CC.

O legislador foi cuidadoso com o direito do credor nas hipóteses de possível ruína do devedor, pois prevê, no art. 590, que é possível exigir garantia se o mutuário sofrer abalo econômico significativo. Lembre-se de que, por ser empréstimo de coisa fungível, caberá ao mutuário devolver o que foi emprestado em coisas da mesma natureza.

Conforme pontuamos anteriormente, embora seja contrato gratuito, é muito comum o mútuo a juros ou frutífero. Juros são os frutos civis correspondentes à remuneração devida ao credor em virtude da utilização de seu capital. Podem ser legais ou convencionais. São compensatórios quando remuneram o mutuante pelo desfalque em seu patrimônio; no caso de atraso pelo mutuário, são moratórios.

O art. 591 do Código Civil busca regular as hipóteses de juros remuneratórios, ao dispor que, destinando-se o mútuo a fins econômicos, presumem-se devidos juros, os quais, sob pena de redução, não poderão exceder a taxa a que se refere o art. 406, permitida a capitalização anual.

## PARA SABER MAIS

Consulte as indicações a seguir e aprofunde seus estudos sobre o tema abordado neste capítulo:

PEREIRA, C. M. da S. **Instituições de direito civil**: contratos. 25. ed. São Paulo: Grupo GEN, 2022. v. III.

RIZZARDO, A. **Contratos**. 20. ed. São Paulo: Grupo GEN, 2022.

GOMES, O. **Contratos**. 28. ed. São Paulo: Grupo GEN, 2022.

ABRÃO, N. **Direito bancário**. 18. ed. São Paulo: Saraiva, 2019.

## SÍNTESE

Neste capítulo dedicado aos contratos de comodato e mútuo, ressaltamos a relevância desses tipos de contratos, destacando que, ao longo da história e na economia, eles não se limitam à busca de benefícios mútuos, podendo também ter um caráter especulativo que pode enriquecer determinadas classes sociais. Isso reflete a natureza versátil e multifacetada dos contratos de empréstimo, que podem ser utilizados para diversos fins, indo além da simples transferência temporária de posse ou propriedade de bens.

Primeiramente, o contrato de comodato foi analisado em detalhes. Trata-se de um contrato unilateral e gratuito pelo qual o comodante entrega a posse de um bem ao comodatário com a obrigação de restituição posterior. Essa característica unilateral significa que apenas o comodatário assume obrigações perante o comodante, tornando-se o comodante a parte que concede um benefício sem exigir contrapartidas financeiras. O contrato de comodato é frequentemente utilizado para empréstimo de bens insubstituíveis, como um quadro de arte.

Além disso, o contrato de comodato é identificado como um contrato real, pois se aperfeiçoa mediante a entrega física do objeto ao comodatário. É um contrato fiduciário, baseado na confiança entre as partes, e geralmente é temporário, não sendo transferido aos herdeiros, em razão de sua natureza personalíssima.

Embora seja tipicamente gratuito, o comodato também pode ser modal, envolvendo encargos, como no caso em que um fabricante empresta prateleiras e dispositivos de divulgação a um comerciante para vender produtos. Ademais, pode ser paritário ou de adesão e não requer formalidades específicas, tornando-se um contrato flexível.

Quanto à duração, o contrato de comodato pode ser estabelecido por um prazo específico ou ser temporário por natureza. Se não houver prazo convencionado, presume-se um prazo necessário para o uso pretendido, e o comodante não pode suspender o uso da coisa sem motivo justificável.

Uma característica fundamental do contrato de comodato é a impossibilidade de usucapião, em virtude da natureza precária da posse do comodatário. No entanto, se o comodante notificar o comodatário para devolver a coisa e essa restituição for negada, o prazo prescricional começa a contar, uma vez que o comodatário passa a agir como se fosse o proprietário.

No que diz respeito aos direitos e obrigações das partes, o comodatário tem o dever essencial de restituir a coisa. Ele também é responsável por conservar a coisa emprestada, evitando usá-la de maneira contrária ao contrato ou à natureza dela, sob pena de responder por perdas e danos. Se o comodatário ficar em mora, ele terá de pagar o aluguel da coisa arbitrado pelo comodante.

Outro ponto importante é que, se a coisa emprestada correr risco juntamente com outras propriedades do comodatário e ele priorizar a salvação de suas próprias propriedades em detrimento da coisa emprestada, ele será responsável pelo dano causado, mesmo que o dano seja resultado de um caso fortuito ou força maior.

No entanto, o comodatário não pode recuperar do comodante as despesas feitas com o uso da coisa emprestada, a menos que se trate de despesas imprescindíveis à conservação dela. Quando várias pessoas forem comodatárias de uma coisa ao mesmo tempo, elas serão solidariamente responsáveis perante o comodante.

Abordamos também o contrato de mútuo, que é um empréstimo de consumo. Nesse contrato, o mutuante transfere a propriedade de um objeto móvel fungível para o mutuário, que se compromete a devolver um objeto do mesmo gênero, qualidade e quantidade.

Assim como o comodato, o contrato de mútuo é caracterizado como um contrato real e unilateral. Pode ser gratuito, mas é mais comumente oneroso, envolvendo juros, especialmente em empréstimos bancários. O mútuo é temporário e pode ser um contrato paritário ou de adesão, não requerendo formalidades específicas.

Um aspecto importante do contrato de mútuo é que a transferência da propriedade da coisa ocorre imediatamente na tradição (entrega), e todos os riscos da coisa passam a ser de responsabilidade do mutuário desde esse momento.

O Código Civil também descreve o mútuo a menor, estabelecendo que o mútuo feito a uma pessoa menor de 18 anos, sem autorização de seu representante legal, não pode ser reavido do mutuário nem de seus fiadores. Contudo, há situações específicas em que essa disposição pode ser revogada.

O contrato de mútuo pode exigir garantias se o mutuário enfrentar um abalo econômico significativo. Além disso, o contrato de mútuo pode envolver juros, que podem ser classificados como juros compensatórios (remuneratórios) ou juros moratórios, dependendo da finalidade dos juros.

É importante destacar que o Código Civil regula as taxas máximas de juros remuneratórios em empréstimos, para evitar abusos. Ademais, o contrato de mútuo é frequentemente usado em transações bancárias e de consumo, sujeitas às regras do Código de Defesa do Consumidor.

Em suma, buscamos apresentar uma visão abrangente dos contratos de comodato e mútuo, explorando suas características, implicações legais e obrigações das partes. Destacamos a flexibilidade desses contratos e a variedade de situações em que podem ser aplicados, o que os torna instrumentos legais essenciais para várias transações na sociedade.

## Questões para revisão

1) Como se caracteriza o contrato de comodato:

   a. Transferência definitiva da propriedade da coisa.
   b. Transferência da posse da coisa, com obrigação de restituição.
   c. Transferência da propriedade da coisa, sem obrigação de restituição.
   d. Transferência gratuita da coisa, sem restrições.

2) Qual é a principal característica do contrato de mútuo?

   a. Transferência definitiva da propriedade da coisa.
   b. Transferência da posse da coisa, sem obrigação de restituição.
   c. Transferência da posse da coisa, com obrigação de restituição.
   d. Transferência gratuita da coisa, sem restrições.

3) Qual é a principal diferença entre os contratos de comodato e mútuo?

   a. No comodato, não há obrigação de restituição; no mútuo, há obrigação de restituição.

b. No comodato, a coisa é transferida definitivamente; no mútuo, a coisa é emprestada temporariamente.
c. No comodato, a coisa é fungível; no mútuo, a coisa é infungível.
d. No comodato, a coisa é transferida com pagamento de juros; no mútuo, a coisa é transferida gratuitamente.

4) Descreva as principais características do contrato de comodato, incluindo seus elementos essenciais e as obrigações das partes envolvidas.

5) Explique as características essenciais do contrato de mútuo, incluindo seus tipos e a diferença entre mútuo gratuito e oneroso.

## QUESTÕES PARA REFLEXÃO

1) Explique as principais diferenças entre um contrato de mútuo gratuito e um contrato de mútuo oneroso. Quais são as implicações legais para ambas as partes envolvidas em cada tipo de mútuo?

2) Como o contrato de comodato difere do contrato de locação? Explique as principais características que os distinguem e como essas diferenças afetam os direitos e as obrigações das partes envolvidas.

3) O que significa a capitalização de juros em um contrato de mútuo? Sob quais condições a capitalização de juros é permitida de acordo com a legislação brasileira? Explique as implicações legais da capitalização de juros em contratos de mútuo.

4) Quais são os principais direitos e obrigações das partes envolvidas em um contrato de comodato? Como a posse precária e a falta de ânimo de dono afetam os direitos do comodatário e a possibilidade de usucapião?

5) Compare as características essenciais dos contratos de mútuo e comodato. Identifique as semelhanças e as diferenças mais significativas entre esses dois tipos de contratos.

# considerações finais

Neste livro de teoria geral dos contratos, buscamos explorar de forma aprofundada os principais fundamentos e conceitos que norteiam a vasta área do direito contratual. Nosso objetivo desde o início foi oferecer uma visão abrangente e sólida desse ramo do direito, fornecendo aos leitores as ferramentas necessárias para compreender e aplicar os contratos em suas diversas formas e contextos.

No início da jornada, na apresentação desta obra, destacamos a importância dos contratos como instrumentos fundamentais para a organização das relações sociais e econômicas em nossa sociedade. Ao longo dos capítulos, examinamos os elementos essenciais que compõem os contratos, desde a formação até a execução e a extinção, passando pelos diversos tipos contratuais que podem surgir.

Neste ponto, é crucial ressaltar a relevância do estudo da teoria geral dos contratos não apenas para os acadêmicos e profissionais do direito, mas também para todos aqueles que participam de transações comerciais e contratuais em sua vida pessoal e profissional. Compreender os princípios e as nuances do direito contratual melhora a segurança jurídica das partes envolvidas e contribui para a eficiência e a justiça nas relações contratuais.

Durante nossa jornada, abordamos temas como a liberdade contratual, a boa-fé, a função social dos contratos, a capacidade das partes, as cláusulas abusivas e muitos outros conceitos fundamentais. Além disso, discutimos a influência do Código de Defesa do Consumidor nos contratos de consumo, bem como a relevância das convenções internacionais no contexto das transações globais.

As relações entre o mundo teórico e a prática profissional foram constantemente destacadas ao longo deste livro. Cada conceito apresentado aqui tem implicações diretas nas decisões tomadas por advogados, juízes, empresários e consumidores no dia a dia. A compreensão das sutilezas e complexidades do direito contratual é essencial para a resolução eficaz de disputas e para a criação de contratos justos e equilibrados.

Como sugestão de leitura adicional, encorajamos os leitores a explorar mais a fundo os tópicos específicos que mais os interessaram ao longo deste livro. Existem inúmeras obras especializadas que podem aprofundar ainda mais o conhecimento sobre temas como contratos internacionais, contratos bancários, arbitragem contratual e outros. A busca pelo aprendizado contínuo é fundamental para qualquer profissional do direito ou indivíduo que deseja aprimorar sua compreensão acerca dos contratos.

Esperamos que os leitores tenham encontrado esta obra informativa e inspiradora em sua jornada para se tornarem profissionais mais qualificados e cidadãos mais conscientes em um mundo permeado por contratos e relações contratuais. A compreensão do direito contratual é, afinal, uma ferramenta essencial para promover a justiça, a equidade e o desenvolvimento em nossa sociedade.

BRASIL. Constituição (1988). **Diário Oficial da União**, Brasília, DF, 5 out. 1988. Disponível em: <https://www.planalto.gov.br/ccivil_03/constituicao/constituicao.htm>. Acesso em: 14 set. 2023.

BRASIL. Lei n. 8.078, de 11 de setembro de 1990. **Diário Oficial da União**, Poder Legislativo, Brasília, DF, 12 set. 1990. Disponível em: <https://www.planalto.gov.br/ccivil_03/leis/l8078compilado.htm>. Acesso em: 14 set. 2023.

BRASIL. Lei n. 8.245, de 18 de outubro de 1991. **Diário Oficial da União**, Poder Executivo, Brasília, DF, 21 out. 1991. Disponível em: <https://www.planalto.gov.br/ccivil_03/leis/l8245.htm>. Acesso em: 14 set. 2023.

BRASIL. Lei n. 10.406, de 10 de janeiro de 2002. **Diário Oficial da União**, Poder Legislativo, Brasília, DF, 11 jan. 2002. Disponível em: <https://www.planalto.gov.br/ccivil_03/leis/2002/l10406compilada.htm>. Acesso em: 14 set. 2023.

BARROS, F. L. M. Dos contratos eletrônicos no direito brasileiro. **Jus Navigandi**, 2004.

BRANCO, G. L. C. Os princípios reguladores da autonomia privada: autonomia da vontade e boa-fé. **Direito e Democracia – Revista do Centro de Ciências Jurídicas**, Canoas: Ed. da Ulbra, v. 1, n. 1, p. 95-112, 2000.

BRASIL. Constituição (1988). **Diário Oficial da União**, Brasília, DF, 5 out. 1988. Disponível em: <https://www.planalto.gov.br/ccivil_03/constituicao/constituicao.htm>. Acesso em: 14 set. 2023.

BRASIL. Lei n. 8.078, de 11 de setembro de 1990. **Diário Oficial da União**, Poder Legislativo, Brasília, DF, 12 set. 1990. Disponível em: <https://www.planalto.gov.br/ccivil_03/leis/l8078compilado.htm>. Acesso em: 14 set. 2023.

BRASIL. Lei n. 8.245, de 18 de outubro de 1991. **Diário Oficial da União**, Poder Executivo, Brasília, DF, 21 out. 1991. Disponível em: <https://www.planalto.gov.br/ccivil_03/leis/l8245.htm>. Acesso em: 14 set. 2023.

BRASIL. Lei n. 10.406, de 10 de janeiro de 2002. **Diário Oficial da União**, Poder Legislativo, Brasília, DF, 11 jan. 2002. Disponível em: <https://www.planalto.gov.br/ccivil_03/leis/2002/l10406compilada.htm>. Acesso em: 14 set. 2023.

BRASIL. Superior Tribunal de Justiça. Recurso Especial n. 447.336-SP. Relatora: Min. Nancy Andrighi. **Diário de Justiça**, Brasília, 11 abr. 2003. Disponível em: <https://www.stj.jus.br/websecstj/cgi/revista/REJ.cgi/ATC?seq=604508&tipo=3&nreg=200200839500&SeqCgrmaSessao=&CodOrgaoJgdr=&dt=20030526&formato=PDF&salvar=false>. Acesso em: 14 set. 2023.

BRASIL. Superior Tribunal de Justiça. Recurso Especial n. 1.095.882-SP. Relatora: Min. Ministra Maria Isabel Gallotti. **Diário de Justiça**, Brasília, 19 dez. 2014. Disponível em: <https://processo.stj.jus.br/SCON/GetInteiroTeorDoAcordao?num_registro=200802169990&dt_publicacao=19/12/2014>. Acesso em: 14 set. 2023.

BRASIL. Superior Tribunal de Justiça. Recurso Especial n. 1.577.229-MG. Relatora: Min. Nancy Andrighi. **Diário de Justiça**, Brasília, 14 nov. 2016. Disponível em: <https://scon.stj.jus.br/SCON/GetInteiroTeorDoAcordao?num_registro=201600052340&dt_publicacao=14/11/2016>. Acesso em: 14 set. 2023.

BRASIL. Superior Tribunal de Justiça. Recurso Especial n. 1.789.863-MS. Relator: Min. Marco Buzzi. **Diário de Justiça**, Brasília, 4 out. 2021. Disponível em: <https://processo.stj.jus.br/SCON/GetInteiroTeorDoAcordao?num_registro=201303762776&dt_publicacao=04/10/2021>. Acesso em: 14 set. 2023.

BRASIL. Superior Tribunal de Justiça. Súmula n. 239. **Diário de Justiça**, Brasília, 30 ago. 2000. Disponível em: <https://www.stj.jus.br/docs_internet/revista/eletronica/stj-revista-sumulas-2011_18_capSumula239.pdf>. Acesso em: 14 set. 2023.

CNJ – Conselho Nacional de Justiça. I Jornada de Direito Civil. **Enunciado n. 33**. Brasília, 2002. Disponível em: <https://www.cjf.jus.br/enunciados/enunciado/683>. Acesso em: 14 set. 2023.

CNJ – Conselho Nacional de Justiça. III Jornada de Direito Civil. **Enunciado n. 173**. Brasília, 2004a. Disponível em: <https://www.cjf.jus.br/enunciados/enunciado/311>. Acesso em: 14 set. 2023.

CNJ – Conselho Nacional de Justiça. III Jornada de Direito Civil. **Enunciado n. 174**. Brasília, 2004b. Disponível em: <https://www.cjf.jus.br/enunciados/enunciado/314>. Acesso em: 14 set. 2023.

CNJ – Conselho Nacional de Justiça. VII Jornada de Direito Civil. **Enunciado n. 584**. Brasília, 2015. Disponível em: <https://www.cjf.jus.br/enunciados/enunciado/835>. Acesso em: 14 set. 2023.

DIDIER JR, F. Teoria da exceção: a exceção das exceções. **Revista de Processo**, São Paulo: Revista dos Tribunais, n. 116, p. 2, 2004.

GAGLIANO, P. S.; PAMPLONA FILHO, R. M. V. **Novo curso de direito civil**: contratos. 4. ed. São Paulo: Saraiva, 2021. v. 4.

GAGLIANO, P. S.; PAMPLONA FILHO, R. M. V. **Novo curso de direito civil**: contratos. 6. ed. São Paulo: Saraiva, 2023. v. 4.

GOMES, O. **Contratos**. 26. ed. Rio de Janeiro: Forense, 2007.

GOMES, O. **Contratos**. 27. ed. São Paulo: Grupo GEN, 2019.

GOMES, O. **Contratos**. 28. ed. São Paulo: Grupo GEN, 2022.

GOMES, O. **Direitos reais**. 21. ed. São Paulo: Grupo GEN, 2012.

GONÇALVES, C. R. **Direito civil brasileiro**. 19. ed. São Paulo: Saraiva, 2022. v. 3.

GONÇALVES, C. R. **Direito civil brasileiro**: contratos e atos unilaterais. 20. ed. São Paulo: Saraiva, 2023. v. 3.

LÔBO, P. **Direito civil 3**: contratos. São Paulo: Saraiva, 2012.

LÔBO, P. **Direito civil 3**: contratos. 9. ed. São Paulo: Saraiva, 2023.

MARQUES, C. L. **Contratos no Código de Defesa do Consumidor**: o novo regime das relações contratuais. São Paulo: Revista dos Tribunais, 2002.

MARTINS-COSTA, J. **A boa-fé no direito privado**. São Paulo: Revista dos Tribunais, 1999.

MIRAGEM, B. Cláusula abusiva nos contratos bancários e a ordem pública constitucional de proteção do consumidor. In: MARQUES, C. L.; ALMEIDA, J. B. de; PFEIFFER, R. A. C. (Coord.). **Aplicação do Código de Defesa do Consumidor aos bancos**: ADIn 2591. São Paulo: Revista dos Tribunais, 2006. p. 308-342.

NALIN, P. **Do contrato**: conceito pós-moderno (Em busca de sua formulação na perspectiva civil-constitucional). 2. ed. Curitiba: Juruá, 2008.

NORONHA, F. **O direito dos contratos e seus princípios fundamentais**: autonomia privada, boa-fé, justiça social. São Paulo: Saraiva, 1994.

PEREIRA, C. M. da S. **Instituições de direito civil**: contratos. 25. ed. São Paulo: Grupo GEN, 2022. v. III.

RIZZARDO, A. **Contratos**. 20. ed. São Paulo: Grupo GEN, 2022.

ROPPO, E. **Il Contratto**. Tradução de Ana Coimbra e Manuel Januário da Costa Gomes. Coimbra: Almedina, 2009.

ROPPO, E. **O contrato**. Coimbra: Almedina, 1988.

SAMPAIO, L. M. de C. A alteração das circunstâncias e o Código do Consumidor. **Revista de Direito do Consumidor**, São Paulo, n. 48, p. 149-160, out./dez. 2003.

SILVA, L. R. F. da. **Revisão dos contratos**: do Código Civil ao Código do Consumidor. Rio de Janeiro. Forense, 1998.

TARTUCE, F. **Direito civil**: teoria geral dos contratos e contratos em espécie. São Paulo: Forense, 2007. v. 3.

TARTUCE, F. **Direito civil**: teoria geral dos contratos e contratos em espécie. 16. ed. São Paulo: Grupo GEN, 2021. v. 3.

TARTUCE, F. **Direito civil**: teoria geral dos contratos e contratos em espécie. 17. ed. São Paulo: Grupo GEN, 2022. v. 3.

TARTUCE, F. **Direito civil**: teoria geral dos contratos e contratos em espécie. 18. ed. São Paulo: Grupo GEN, 2023. v. 3.

TJMG – Tribunal de Justiça de Minas Gerais. Apelação Cível n. 1.0382.14.001815-3/001. Relatora: Des. Mariza Porto. **Diário de Justiça**, 8 jun. 2016. Disponível em: <https://www.jusbrasil.com.br/jurisprudencia/tj-mg/887067438>. Acesso em: 14 set. 2023.

TJRS – Tribunal de Justiça do Rio Grande do Sul. Acórdão n. 0103829-94.2017.8.21.7000. 18ª Câmara Cível. Relatora: Des. Marlene Marlei de Souza. **Diário de Justiça**, 6 set. 2017.

TJSP – Tribunal de Justiça de São Paulo. Apelação n. 0000309-51.2013.8.26.0071, Acórdão 9604129, 3ª Câmara de Direito Privado. Relator: Des. Carlos Alberto de Salles. **Diário da Justiça**, 26 jul. 2016. Disponível em: <https://www.jusbrasil.com.br/jurisprudencia/tj-sp/362341452>. Acesso em: 14 set. 2023.

VARELA, A. **Das obrigações em geral**. 10. ed. Coimbra: Almedina, 2012. v. I.

VENOSA, S. de S. **Direito civil**: contratos. 22. ed. São Paulo: Grupo GEN, 2022a. v. 3.

VENOSA, S. de S. **Direito civil**: direitos reais. 22. ed. São Paulo: Grupo GEN, 2022b. v. 4.

## Capítulo 1

Questões para revisão

1. a

2. d

3. c

4. A Revolução Industrial, que teve início no final do século XVIII na Inglaterra e se espalhou pelo mundo, trouxe consigo uma série de mudanças sociais, econômicas e jurídicas. A evolução do direito contratual foi profundamente influenciada por essa revolução de várias maneiras. Mudanças na natureza dos contratos: a Revolução Industrial viu o surgimento de novos tipos de contratos, como os contratos de trabalho assalariado. Antes dessa revolução, os contratos eram geralmente acordos entre partes iguais ou relativamente iguais. Com o crescimento das empresas e a industrialização, surgiram contratos de emprego em que a parte empregadora detinha muito mais poder do que o trabalhador. Isso levou a uma necessidade de regulamentação legal para proteger os direitos dos trabalhadores. Expansão das transações comerciais:

a industrialização levou a um aumento significativo nas transações comerciais. O direito contratual teve de se adaptar para lidar com contratos cada vez mais complexos e diversos, incluindo acordos de compra e venda de produtos em grande escala. Isso levou ao desenvolvimento de novas regras e princípios contratuais. Desenvolvimento da teoria da autonomia da vontade: a Revolução Industrial também influenciou a evolução da teoria contratual. A ideia da autonomia da vontade, em que as partes têm liberdade para negociar os termos de seus contratos, ganhou destaque. No entanto, essa teoria foi muitas vezes questionada em razão das desigualdades de poder nas negociações contratuais, especialmente nos contratos de trabalho. Regulamentação e proteção do consumidor: com o crescimento da produção em massa, surgiu a necessidade de proteger os consumidores contra produtos defeituosos ou perigosos. Isso levou à criação de leis de defesa do consumidor e a regulamentações específicas para contratos de consumo.

5. A sociedade de massas, caracterizada pelo consumo em larga escala e pela produção em massa de bens e serviços, teve um impacto significativo na evolução dos contratos de consumo. Essa influência pode ser compreendida pelos seguintes aspectos:

» **Padronização de produtos e serviços**: com a produção em massa, muitos produtos e serviços se tornaram padronizados, o que levou à necessidade de contratos de consumo que regulamentassem as relações entre fornecedores e consumidores. Os contratos passaram a especificar as características dos produtos, as garantias, os prazos de entrega e outros detalhes relevantes para os consumidores.

» **Desigualdade de poder**: na sociedade de massas, as grandes empresas frequentemente detêm uma posição de poder significativa em relação aos consumidores individuais. Isso criou desequilíbrios nas negociações contratuais, tornando os consumidores mais vulneráveis. Como resposta a essa desigualdade, muitas jurisdições introduziram regulamentações específicas para proteger os direitos dos consumidores em contratos de consumo.

» **Regulamentação e direitos do consumidor**: a sociedade de massas levou à criação de leis e regulamentações que visam proteger os consumidores contra práticas comerciais desleais, produtos defeituosos e informações enganosas. Contratos de consumo passaram a ser regulados de maneira mais estrita para garantir a equidade nas transações comerciais.

» **Ênfase na informação**: em uma sociedade de massas, a informação se tornou um aspecto crucial dos contratos de consumo. Os consumidores têm o direito de serem informados adequadamente sobre os produtos e os serviços que estão adquirindo. Isso inclui informações sobre ingredientes, efeitos colaterais, preços, políticas de devolução, entre outros detalhes relevantes. Os contratos de consumo passaram a refletir essa ênfase na transparência e na prestação de informações claras aos consumidores.

Portanto, a sociedade de massas moldou a evolução dos contratos de consumo, introduzindo desafios relacionados à padronização, ao poder desigual, à regulamentação e à informação, que foram abordados por meio da criação de leis e regulamentações específicas para proteger os direitos dos consumidores em contratos de consumo.

Questão para reflexão

1. O contrato desempenha um papel fundamental na atividade econômica, sendo um elemento central para o funcionamento dos mercados e das relações comerciais. Sua importância pode ser destacada por diversos motivos:

    » **Estabelecimento de obrigações e direitos**: o contrato é um instrumento legal que estabelece claramente as obrigações e os direitos das partes envolvidas em uma transação comercial. Isso proporciona segurança e previsibilidade para os negócios, permitindo que as partes saibam o que esperar e quais são suas responsabilidades.

    » **Promoção da confiança**: contratos bem elaborados ajudam a construir e manter a confiança entre as partes envolvidas. A confiança é um elemento-chave para o funcionamento eficiente dos mercados, pois possibilita que as transações ocorram de forma suave e sem a necessidade de verificações constantes.

» **Facilitação da alocação de recursos**: os contratos permitem que os recursos sejam alocados de maneira mais eficiente na economia. As empresas podem planejar seus investimentos com base em contratos que garantem o suprimento de matérias-primas, a entrega de produtos ou serviços, e assim por diante.

» **Redução de conflitos**: quando surgem disputas comerciais, os contratos servem como um ponto de referência claro para resolvê-las. Eles especificam como os conflitos devem ser resolvidos (por meio de negociação, mediação ou litígio judicial), o que ajuda a evitar a incerteza e os custos associados a disputas prolongadas.

No entanto, também existem desafios relacionados à utilização de contratos na atividade econômica, como:

» **Complexidade**: em transações comerciais mais complexas, a elaboração de contratos pode ser um processo demorado e dispendioso, envolvendo advogados e especialistas para garantir que todas as contingências sejam abordadas adequadamente.

» **Assimetria de informações**: em algumas situações, uma das partes pode ter acesso a informações privilegiadas, o que pode resultar em contratos desequilibrados em termos de poder de negociação e benefícios.

» **Custos legais**: a execução de contratos em disputas legais pode ser custosa em termos de tempo e recursos e nem sempre resulta em soluções justas ou eficientes.

Em resumo, o contrato desempenha um papel vital na atividade econômica, promovendo a eficiência, a confiança e a segurança nas transações comerciais. Contudo, é importante reconhecer que sua utilidade também está sujeita a desafios, e a elaboração e execução de contratos eficazes exigem considerações cuidadosas e a gestão adequada de riscos.

# Capítulo 2

Questões para revisão

1. c
2. a
3. d
4. O princípio da função social do contrato exige que os contratos cumpram uma função social, limitando a liberdade contratual em prol do bem comum. Isso implica considerar não apenas os interesses das partes envolvidas, mas também os impactos na coletividade.
5. O princípio da boa-fé objetiva baseia-se na solidariedade e exige que as partes ajam com lealdade, respeitando as expectativas e os interesses legítimos das partes contratantes. É um dos princípios mais importantes no direito contratual contemporâneo.

Questões para reflexão

1. A autonomia da vontade é um princípio que permite às partes contratantes a liberdade de contratar e escolher com quem contratar. No entanto, esse princípio encontra limitações na função social do contrato, que visa proteger interesses coletivos e o bem comum. Assim, ao mesmo tempo que a autonomia da vontade é fundamental para a liberdade contratual, ela não deve ser exercida de forma a prejudicar a sociedade como um todo. A jurisprudência tem demonstrado a importância de equilibrar esses princípios, muitas vezes intervindo para proteger interesses coletivos quando necessário.
2. A boa-fé objetiva exige que as partes ajam com lealdade, respeitando as expectativas e os interesses legítimos das partes contratantes. Sua aplicação contribui para a prevenção de litígios, pois promove a confiança nas relações contratuais. Quando as partes agem de acordo com a boa-fé objetiva, há maior probabilidade de que os contratos sejam cumpridos sem problemas. Além disso, a violação desse princípio pode levar a consequências legais, como a rescisão do contrato ou a indenização por danos. Portanto, a boa-fé objetiva desempenha um papel

fundamental na construção de relações comerciais justas e na prevenção de conflitos contratuais.

3. A função social do contrato exige que os contratos atendam não apenas aos interesses das partes envolvidas, mas também aos interesses coletivos e ao bem comum. Em contratos de locação, por exemplo, isso significa que o proprietário deve considerar não apenas seu interesse financeiro, mas também a necessidade de fornecer moradia adequada a inquilinos. Em contratos de prestação de serviços, a função social pode se refletir na qualidade do serviço oferecido e na consideração dos direitos do consumidor. Portanto, a aplicação prática desse princípio implica equilibrar os interesses individuais com os interesses coletivos, garantindo que os contratos não prejudiquem a sociedade como um todo.

4. A equivalência material busca assegurar que as partes contratantes tenham direitos e deveres equilibrados no contrato, evitando vantagens excessivas para uma das partes. Em contratos complexos, em que pode haver desigualdade de poder entre as partes, esse princípio desempenha um papel crucial na promoção da justiça contratual. Por exemplo, em contratos de adesão, uma das partes pode estar em posição de superioridade e impor termos desfavoráveis à outra parte. A aplicação da equivalência material requer que os tribunais avaliem se o contrato é verdadeiramente equitativo e se ambas as partes estão em pé de igualdade ao negociá-lo. Assim, esse princípio contribui para a justiça e a equidade nas relações contratuais.

5. O direito contratual solidarista contemporâneo destaca a responsabilidade compartilhada entre as partes de um contrato, especialmente em situações em que há desigualdade de poder ou contratos complexos. Essa abordagem visa promover relações contratuais mais justas e equitativas. Por exemplo, em contratos de trabalho, a solidariedade entre empregador e empregado pode garantir que ambas as partes sejam tratadas com respeito e recebam benefícios justos. Em contratos comerciais complexos, a solidariedade pode assegurar que todas as partes envolvidas sejam tratadas de maneira justa e que os direitos e os deveres sejam equilibrados. Portanto, o direito contratual solidarista

contribui para a justiça e a equidade nas relações contratuais, especialmente em situações em que as partes estão em desigualdade de poder.

# Capítulo 3

Questões para revisão

1. c
2. c
3. a
4. A manifestação de vontade, as partes envolvidas e o objeto do contrato são elementos fundamentais na formação de contratos. A manifestação de vontade representa o consentimento mútuo das partes em celebrar o contrato, sendo a base da formação do acordo jurídico. Sem a manifestação de vontade expressa ou implícita, não há contrato válido. As partes envolvidas são os sujeitos que celebram o contrato, e elas são responsáveis por sua execução. O objeto do contrato é o conteúdo ou o propósito do acordo, determinando quais obrigações serão cumpridas pelas partes. A ausência ou inadequação de qualquer um desses elementos pode afetar a validade do contrato. Por exemplo, se uma das partes não manifestar sua vontade de forma clara e inequívoca, o contrato poderá ser considerado nulo. Da mesma forma, se o objeto do contrato for ilícito ou impossível, o contrato poderá ser anulado. Portanto, a manifestação de vontade, as partes envolvidas e o objeto do contrato são interdependentes e essenciais para a validade e a eficácia de um contrato.
5. O processo contratual compreende várias fases, cada uma com um propósito específico. As tratativas preliminares representam a fase inicial, na qual as partes discutem a possibilidade de celebrar um contrato, mas ainda não há vínculo contratual. Durante essa fase, é crucial agir com boa-fé e transparência, pois esses princípios garantem a honestidade e a lealdade nas negociações. A fase de proposta ocorre quando uma das partes faz uma oferta clara e detalhada, convidando a outra parte a celebrar o contrato. A fase de aceitação é a última etapa, na qual uma das partes manifesta sua vontade de aderir à proposta, transformando-a em um contrato válido. A falta de boa-fé nas tratativas preliminares

pode ter implicações jurídicas, como a possibilidade de responsabilização por perdas e danos, se uma das partes agir de maneira desonesta ou enganosa. Portanto, a boa-fé e a transparência são essenciais para assegurar integridade do processo contratual e para evitar comportamentos desleais nas negociações preliminares.

Questões para reflexão

1. A teoria da cognição defende que o contrato eletrônico é formado no momento em que a parte que fez a oferta (proposta) tem conhecimento da aceitação pela outra parte. Por outro lado, a teoria da expedição considera que o contrato é formado no momento em que a parte que aceita a oferta envia a aceitação, independentemente de quando a parte que fez a oferta toma conhecimento da aceitação. A escolha entre essas teorias tem implicações significativas na formação de contratos eletrônicos, pois determina o momento exato de sua validade. Ambas as teorias destacam a importância da manifestação de vontade, pois a aceitação deve ser expressa de forma inequívoca. A teoria da expedição é mais amplamente aceita na jurisprudência, pois é considerada mais adequada para o ambiente das comunicações eletrônicas, em que a velocidade é fundamental. No entanto, é importante observar que a interpretação pode variar de acordo com a jurisdição e as circunstâncias específicas do caso.

2. A boa-fé e a transparência são importantes nas tratativas preliminares porque estabelecem um ambiente de negociação justo, confiável e ético. Embora as tratativas preliminares não gerem um vínculo contratual obrigatório, as partes envolvidas ainda têm a obrigação de agir de forma leal e honesta. A boa-fé implica que as partes não devem enganar ou manipular intencionalmente a outra parte durante as negociações. A transparência envolve fornecer informações completas e precisas sobre os termos e as condições do possível contrato. Agir com boa-fé e transparência contribui para a construção da confiança entre as partes e ajuda a evitar comportamentos desleais que possam prejudicar a outra parte. A falta de boa-fé nas tratativas preliminares pode resultar em consequências legais, como a possibilidade de responsabilização por

perdas e danos se uma das partes agir de maneira desonesta, fraudulenta ou se quebrar promessas feitas durante as negociações. Portanto, a boa-fé e a transparência são fundamentais para manter a integridade do processo contratual e evitar comportamentos antiéticos.

3. A manifestação de vontade é um elemento crucial na formação de contratos pois representa o consentimento mútuo das partes em celebrar o acordo. Sem a manifestação de vontade expressa ou implícita, não há contrato válido. Em contratos tradicionais, a manifestação de vontade pode ser expressa por meio de assinaturas físicas, troca de documentos ou acordos verbais. Em contratos eletrônicos, a manifestação de vontade pode ser expressa por meio de cliques de aceitação, confirmações por *e-mail*, assinaturas digitais ou outros métodos eletrônicos equivalentes. A falta de manifestação de vontade pode afetar a validade de um contrato, tornando-o nulo ou anulável. Se uma das partes não manifestar sua vontade de forma clara e inequívoca, o contrato poderá ser considerado inválido e incapaz de produzir efeitos legais. Portanto, a manifestação de vontade é essencial para garantir a validade e a eficácia de um contrato, independentemente do meio de comunicação utilizado.

4. A fase de aceitação é crucial na formação de contratos pois é o momento em que uma das partes manifesta sua vontade de aderir à proposta da outra parte, transformando-a em um contrato válido. A aceitação representa o consentimento final das partes e é o ponto em que os termos e as condições do contrato são definitivamente estabelecidos. A manifestação de vontade desempenha um papel central nessa etapa, pois a aceitação deve ser expressa de forma inequívoca e em conformidade com os termos da proposta. Uma vez que a aceitação tenha sido expressa de maneira válida, geralmente não pode ser revogada, a menos que haja uma cláusula contratual específica que permita a revogação ou ambas as partes concordem com a revogação. A revogação da aceitação após sua manifestação pode resultar em um conflito contratual e em possíveis consequências legais, como responsabilidade por quebra de contrato.

5. As teorias da cognição e da expedição têm suas próprias vantagens e desvantagens na formação de contratos eletrônicos. A teoria da cognição,

ao considerar que o contrato é formado quando a parte que fez a oferta tem conhecimento da aceitação, pode fornecer maior segurança jurídica, pois as partes têm uma compreensão clara do momento exato da formação do contrato. Isso pode ser especialmente relevante em contratos complexos em que a sincronização é importante. Por outro lado, a teoria da expedição, ao considerar que o contrato é formado quando a parte que aceita a oferta envia a aceitação, oferece maior conveniência e agilidade nas transações eletrônicas, pois permite que as partes ajam imediatamente após a manifestação de vontade. No entanto, a escolha entre essas teorias pode afetar as expectativas das partes envolvidas. Por exemplo, se as partes acreditarem que o contrato é formado no momento da aceitação, de acordo com a teoria da expedição, podem agir com base nessa suposição, o que pode levar a desentendimentos se a outra parte atrasar o envio da aceitação. Além disso, a segurança jurídica pode ser comprometida quando as partes têm diferentes entendimentos sobre a teoria aplicável. Portanto, é importante que as partes estejam cientes da teoria adotada e, se necessário, estabeleçam claramente os termos contratuais para evitar conflitos. De modo geral, a escolha entre essas teorias depende das necessidades e preferências das partes, bem como do contexto da transação eletrônica em questão. Ambas as teorias têm aplicações apropriadas, e a escolha deve ser feita considerando-se os benefícios e os desafios específicos de cada uma.

## Capítulo 4

Questões para revisão
1. b
2. b
3. a
4. Os critérios de classificação dos contratos mencionados no texto incluem os efeitos do contrato, a existência de vantagens pecuniárias, o risco envolvido, a pessoalidade das obrigações, o tempo de execução, a existência de formalidades, os requisitos para a formação do contrato e a tipicidade do contrato. Compreender essas classificações é fundamental

para a prática jurídica pois permite aos advogados, aos juízes e às partes envolvidas interpretar corretamente os contratos e aplicar as regras contratuais de acordo com as características específicas de cada tipo de contrato. Por exemplo, a classificação quanto à existência de vantagens pecuniárias pode influenciar a forma como as obrigações e os benefícios são distribuídos entre as partes, afetando os direitos e os deveres de cada uma. Além disso, a classificação quanto ao tempo de execução das obrigações pode determinar quando as partes devem cumprir suas obrigações, o que pode ser crucial em casos de inadimplência. Portanto, compreender essas classificações auxilia na interpretação, na negociação e na resolução de disputas contratuais.

5. Os contratos aleatórios são caracterizados pela incerteza ou dependência de eventos futuros e imprevisíveis que afetam o resultado do contrato. No caso dos contratos aleatórios, as partes assumem o risco de que o resultado pode ser desfavorável ou não dependerá apenas de suas ações. O Código Civil regula esses contratos em situações específicas, como no caso de contratos de seguro, nos quais o pagamento do prêmio e a obtenção do seguro estão sujeitos a eventos incertos, como acidentes ou sinistros. Podemos citar como exemplo um contrato de seguro de vida, no qual o beneficiário receberá um valor em caso de morte do segurado. Nessa situação, o evento (morte do segurado) é incerto e imprevisível, tornando o contrato aleatório. As implicações dos contratos aleatórios estão relacionadas à alocação de riscos entre as partes. Uma parte pode se beneficiar substancialmente em caso de um evento favorável, enquanto a outra parte pode ter prejuízos. Portanto, os contratos aleatórios exigem uma análise cuidadosa das condições e do elemento de incerteza para garantir uma distribuição equitativa de riscos.

Questões para reflexão

1. Os critérios de classificação dos contratos mencionados no texto incluem os efeitos do contrato, a existência de vantagens pecuniárias, o risco envolvido, a pessoalidade das obrigações, o tempo de execução, a existência de formalidades, os requisitos para a formação do contrato e a tipicidade do contrato. Cada um desses critérios desempenha um

papel fundamental na compreensão e na interpretação dos contratos. Por exemplo, a classificação com base nos efeitos do contrato determina se as obrigações são unilaterais ou bilaterais, afetando a distribuição de responsabilidades entre as partes. A existência de vantagens pecuniárias diferencia contratos onerosos de gratuitos, influenciando as expectativas financeiras das partes. O critério de risco distingue contratos comutativos de aleatórios, o que pode afetar a alocação de riscos nas negociações contratuais. Ao explicar cada critério e seu impacto, fica claro como a classificação dos contratos é essencial na prática jurídica.

2. A classificação dos contratos com base na pessoalidade das obrigações refere-se à relevância da pessoa do contratante no cumprimento do contrato. Contratos impessoais são aqueles em que a identidade das partes não é relevante para o cumprimento das obrigações, enquanto contratos pessoais (ou personalíssimos) estão diretamente relacionados à pessoa de um contratante e não podem ser transferidos a terceiros. Um exemplo de contrato impessoal é um contrato de compra e venda de bens, no qual a identidade das partes não afeta o cumprimento das obrigações. Já um exemplo de contrato pessoal é um contrato de prestação de serviços de consultoria, no qual as habilidades e conhecimentos específicos do consultor são essenciais. As implicações legais e práticas dessa classificação estão relacionadas à transferibilidade das obrigações e à possibilidade de subcontratação. Em contratos pessoais, a transferência das obrigações pode ser restrita ou proibida e, em contratos impessoais, a transferência pode ser mais flexível. Isso pode afetar a capacidade das partes de cumprir suas obrigações e pode ser um ponto importante nas negociações contratuais.

3. Os critérios relacionados ao tempo de execução das obrigações em contratos abrangem três categorias principais: contratos de execução imediata, execução diferida e trato sucessivo. Contratos de execução imediata são aqueles em que as obrigações são cumpridas imediatamente após a celebração do contrato, como em uma compra à vista. Contratos de execução diferida envolvem obrigações que serão cumpridas em data futura, como um contrato de entrega de um produto em um mês

específico. Contratos de trato sucessivo são aqueles em que as partes realizam uma série de obrigações de forma sequencial e contínua, como um contrato de locação de longo prazo. A escolha do tempo de execução pode impactar as partes envolvidas de várias maneiras. Em contratos de execução imediata, as partes têm a expectativa de que as obrigações serão cumpridas imediatamente, o que pode ser vantajoso em algumas situações. Já em contratos de execução diferida, as partes podem precisar aguardar o cumprimento das obrigações, o que pode afetar o planejamento e a liquidez financeira. Contratos de trato sucessivo exigem o cumprimento contínuo de obrigações ao longo do tempo, o que pode criar relações comerciais duradouras, mas também trazer desafios na gestão das obrigações.

4. As formalidades desempenham um papel importante na classificação dos contratos, distinguindo contratos informais de solenes. Contratos informais são aqueles que não têm requisitos formais específicos para sua validade e podem ser celebrados de maneira menos formal, como um contrato verbal ou por escrito simples. Já contratos solenes são aqueles que exigem uma forma específica para sua validade, como contratos de compra e venda de imóveis, que geralmente devem ser feitos por escrito e registrados em cartório. A falta de cumprimento das formalidades em contratos solenes pode resultar na invalidação do contrato. Por exemplo, se um contrato de compra e venda de imóvel não for registrado em cartório, ele poderá ser considerado inválido. Em contratos informais, a validade do contrato geralmente depende do acordo de vontades entre as partes, independentemente de formalidades. No entanto, a falta de formalidades pode dificultar a comprovação do contrato em caso de litígio. Portanto, a escolha entre contratos informais e solenes deve ser cuidadosamente considerada pelas partes, dependendo das circunstâncias e dos requisitos legais aplicáveis.

5. Contratos paritários são aqueles em que as partes envolvidas na negociação têm igualdade de poder e autonomia na estipulação do conteúdo do contrato. Em contrapartida, contratos de adesão são aqueles em que uma das partes impõe as condições do contrato à outra, com pouca ou

nenhuma negociação. A diferença fundamental entre esses tipos de contrato está na distribuição do poder de barganha e na autonomia das partes. Por exemplo, um contrato de locação residencial, no qual o locatário e o locador negociam as condições de aluguel, é um contrato paritário. Por outro lado, um contrato de serviço de internet, no qual o provedor estabelece termos e condições padrão que o cliente deve aceitar sem negociação significativa, é um contrato de adesão. A diferença entre esses contratos pode afetar a negociação e a equidade entre as partes. Contratos paritários permitem maior espaço para negociação e adaptação das condições às necessidades específicas das partes. Em contratos de adesão, a parte mais forte pode impor unilateralmente os termos do contrato, o que pode ser injusto para a parte mais fraca. Portanto, a escolha entre esses tipos de contrato deve ser feita com consideração à equidade e às circunstâncias específicas das partes envolvidas.

# Capítulo 5

Questões para revisão

1. b
2. b
3. c
4. Um contrato preliminar, também conhecido como *contrato de promessa*, é um acordo celebrado entre as partes antes da formalização do contrato principal. Sua finalidade é estabelecer as condições para a celebração do contrato definitivo e criar um compromisso de que esse contrato definitivo será celebrado no futuro. Embora seja um contrato completo, as partes se comprometem a formalizar outro contrato que será considerado o principal. Um exemplo hipotético pode ser um contrato preliminar de compra e venda de um imóvel, no qual as partes acordam os termos da futura compra, mas a formalização da escritura de compra e venda ocorrerá em uma data posterior.
5. Vícios redibitórios são defeitos ocultos em um objeto de compra e venda, doação onerosa ou contrato comutativo que o tornam impróprio para o uso pretendido ou diminuem significativamente seu valor. Para que o

adquirente possa acionar esse mecanismo, é necessário que haja vícios graves, a preexistência do defeito e a ocultação do defeito no momento da contratação, conforme previsto no art. 441 do Código Civil. O prazo para exercer os direitos relacionados aos vícios redibitórios é de 30 dias para bens móveis, contados a partir da entrega efetiva, e um ano para bens imóveis, também a partir da entrega efetiva. No caso de vícios ocultos, o prazo começa a contar a partir do momento em que o defeito é descoberto, com um limite de 180 dias para bens móveis e um ano para bens imóveis.

Questões para reflexão

1. Um contrato preliminar, também conhecido como *contrato de promessa*, é um acordo celebrado entre as partes antes da formalização do contrato principal. Sua finalidade principal é estabelecer as condições para a celebração do contrato definitivo, comprometendo as partes a formalizá-lo no futuro. Diferentemente das negociações preliminares, que são apenas sondagens e conversas iniciais, o contrato preliminar é um acordo completo que estabelece obrigações vinculantes. Normalmente, esse tipo de contrato é utilizado em transações imobiliárias, como a compra e venda de imóveis, para garantir o compromisso das partes antes da efetivação do contrato principal.

2. A característica de irrevogabilidade de um contrato preliminar significa que, uma vez celebrado, o contrato não pode ser desfeito pelas partes, a menos que ele contenha uma cláusula de arrependimento expressa. Isso implica que as partes estão vinculadas às condições estipuladas no contrato preliminar e devem cumprir suas obrigações até a formalização do contrato principal. A inclusão de uma cláusula de arrependimento é aconselhável quando as partes desejam ter a flexibilidade de desfazer o acordo preliminar sem penalidades em caso de mudanças de circunstâncias imprevistas ou quando não estão dispostas a assumir um compromisso rígido.

3. Havia controvérsias sobre a necessidade de registrar o contrato preliminar em cartório de Registro de Títulos e Documentos no passado em razão da falta de clareza na legislação. A Súmula n. 239 do STJ

esclareceu que o registro não é necessário para a validade do contrato preliminar, mas apenas para tornar sua existência conhecida por terceiros. Os benefícios do registro incluem a publicidade do acordo, a prevenção de fraudes e a proteção dos direitos das partes contra terceiros que possam alegar desconhecimento do contrato.

4. A evicção em contratos refere-se à perda de bens em razão de decisões judiciais ou processos administrativos que transferem esses bens para outra pessoa com base em motivos legais preexistentes. O vendedor é geralmente responsável pela evicção, mesmo em casos de aquisição em leilão público. Isso está relacionado ao princípio da garantia, mais especificamente à garantia de direito, que implica que o vendedor deve garantir ao comprador o direito de posse e propriedade do bem adquirido. Um exemplo hipotético de evicção seria quando alguém compra uma casa em um leilão público, mas posteriormente perde a posse do imóvel em virtude de uma ação judicial que reconhece a propriedade de outra pessoa.

5. Vícios redibitórios são defeitos ocultos em um objeto de compra e venda que o tornam impróprio para o uso pretendido ou diminuem significativamente seu valor. Para que o adquirente possa acionar esse mecanismo, são necessários requisitos legais, como a existência de vícios graves, a preexistência do defeito e a ocultação do defeito no momento da contratação, conforme previsto no art. 441 do Código Civil. O vendedor é considerado garantidor da qualidade do bem adquirido e deve ressarcir o adquirente em caso de vício. Os prazos legais para exercer esses direitos são de 30 dias para bens móveis, a partir da entrega efetiva, e um ano para bens imóveis, também a partir da entrega efetiva. No caso de vícios ocultos, o prazo começa a contar a partir do momento em que o defeito é descoberto, com um limite de 180 dias para bens móveis e um ano para bens imóveis.

# Capítulo 6

Questões para revisão
1. d

2. a

3. d

4. A extinção pelo cumprimento das obrigações ocorre quando todas as partes envolvidas no contrato satisfazem plenamente as obrigações nele estipuladas. Isso significa que as ações ou prestações previstas no contrato foram realizadas conforme o acordado, levando à conclusão bem-sucedida do contrato. Um exemplo prático disso seria um contrato de compra e venda de um carro em que o vendedor entrega o veículo ao comprador e este paga o preço acordado. Quando ambas as partes cumprem suas obrigações, o contrato é extinto.

5. A extinção sem cumprimento por causas anteriores ou contemporâneas à formação do contrato refere-se a situações em que o contrato não chega a ser efetivado em virtude de eventos ou circunstâncias que ocorrem antes ou durante a formação do contrato. Por exemplo, se as partes concordam em um contrato de venda de um imóvel, mas, antes da conclusão do negócio, o imóvel é destruído por um incêndio, o contrato é extinto em razão de uma causa anterior. Já a extinção sem cumprimento por causas que surgem após a formação do contrato ocorre quando um contrato que foi formalizado é encerrado sem que as partes tenham cumprido suas obrigações em virtude de eventos ou situações que surgem após a celebração do contrato. Um exemplo seria um contrato de prestação de serviços de construção em que, por mudanças nas regulamentações governamentais, a obra se torna ilegal e não pode ser concluída. Nesse caso, o contrato pode ser extinto por causas que surgiram após a formação inicial do contrato.

Questões para reflexão

1. A extinção pelo cumprimento das obrigações ocorre quando todas as partes envolvidas em um contrato satisfazem plenamente as obrigações nele estipuladas. Isso significa que as ações ou prestações previstas no contrato foram realizadas conforme o acordado, levando à conclusão bem-sucedida do contrato. Por exemplo, se A celebra um contrato de compra e venda de um carro com B e B entrega o veículo a A e paga

o preço acordado, ambas as partes cumpriram suas obrigações, resultando na extinção do contrato.

2. A extinção sem cumprimento decorrente de causas anteriores ou contemporâneas à formação do contrato ocorre quando eventos ou circunstâncias que ocorrem antes ou durante a formação do contrato impedem que ele seja efetivado. Por exemplo, se A e B celebram um contrato de locação de um imóvel, mas, antes da mudança de B para o imóvel, este é destruído por um incêndio, o contrato é extinto em razão de uma causa anterior. Já a extinção sem cumprimento decorrente de causas que surgem após a formação do contrato ocorre quando um contrato que foi formalizado é encerrado sem que as partes tenham cumprido suas obrigações em razão de eventos ou situações que surgem após a celebração do contrato. Por exemplo, se A e B celebram um contrato de prestação de serviços de construção, porém, por mudanças nas regulamentações governamentais, a obra se torna ilegal e não pode ser concluída, o contrato pode ser extinto em virtude de causas que surgiram após a formação inicial do contrato.

3. Para que a extinção decorrente de morte de um dos contratantes ocorra, é necessário que o contrato não seja de natureza pessoal, isto é, que não dependa exclusivamente das habilidades ou características pessoais de um dos contratantes. Em contratos de natureza pessoal, a morte de uma das partes geralmente não resulta na extinção do contrato. No entanto, em contratos que não são pessoais, a morte de uma das partes pode levar à extinção. As implicações legais desse tipo de extinção variam de acordo com as leis locais e as disposições contratuais específicas. Em alguns casos, o contrato pode prever a continuação das obrigações para os herdeiros ou representantes legais da parte falecida. Em outros casos, o contrato pode ser automaticamente rescindido após a morte, e as partes restantes podem não ter mais obrigações contratuais. A legislação e as cláusulas contratuais são fundamentais para determinar as consequências legais da extinção por morte de um contratante.

4. A extinção sem cumprimento decorrente de causas anteriores ou contemporâneas à formação do contrato ocorre quando eventos ou condições

que acontecem antes ou durante a formação do contrato impossibilitam sua execução. Essas causas podem incluir vícios na vontade das partes, impossibilidade objetiva, ilicitude do objeto ou condições suspensivas não cumpridas. Por exemplo:

» Vícios na vontade das partes: se uma das partes celebrar um contrato sob coação ou erro substancial, ela pode alegar a nulidade do contrato com base na falta de vontade verdadeira.

» Impossibilidade objetiva: se o objeto do contrato se tornar fisicamente impossível de cumprir antes mesmo da celebração do contrato, este pode ser considerado inválido. Por exemplo, se A e B celebram um contrato de compra e venda de um objeto específico, mas esse objeto é destruído antes da formalização do contrato, não é possível cumprir o acordo.

» Ilicitude do objeto: se o objeto do contrato for ilegal ou contrário à ordem pública, o contrato será nulo desde o início. Por exemplo, um contrato que envolve a compra e venda de drogas ilícitas é considerado inválido em razão da ilicitude do objeto.

» Condições suspensivas não cumpridas: se o contrato estipular condições suspensivas que não sejam cumpridas, o contrato não entrará em vigor. Por exemplo, um contrato de venda de propriedade com a condição suspensiva de obtenção de financiamento resulta na não formação do contrato quando tal condição não é satisfeita.

5. A inclusão de uma cláusula de arrependimento em contratos é importante porque permite que as partes expressem sua vontade de rescindir o contrato antes do cumprimento de todas as obrigações sem que isso resulte em uma violação contratual. Essa cláusula oferece flexibilidade e protege os interesses das partes em situações em que circunstâncias imprevistas ou mudanças de planos podem tornar desejável a rescisão do contrato. Por exemplo: suponha que A e B celebrem um contrato de prestação de serviços de reforma de uma residência. Após o início do trabalho, A descobre que precisa mudar de cidade por motivos de saúde. Nesse caso, se o contrato incluir uma cláusula de arrependimento que

estipule um aviso prévio de 30 dias, A poderá notificar B dentro desse prazo, rescindindo o contrato sem incorrer em penalidades ou violações contratuais. Isso permite que ambas as partes se separem de maneira amigável e evita litígios desnecessários.

## Capítulo 7

Questões para revisão

1. c

2. c

3. b

4. A boa-fé é um princípio essencial nos contratos de compra e venda, pois exige que as partes ajam de maneira honesta e justa ao longo de todo o processo. Durante as negociações, as partes devem fornecer informações precisas e não ocultar informações relevantes sobre o objeto da transação. Isso garante que ambas as partes estejam cientes dos benefícios e encargos envolvidos, promovendo a transparência e evitando conflitos futuros. Além disso, durante a execução do contrato, a boa-fé exige que as partes cumpram suas obrigações de forma honesta e leal, buscando resolver qualquer disputa de maneira justa. Isso contribui para a manutenção da integridade e da confiança entre as partes, tornando o contrato de compra e venda mais eficaz e sustentável.

5. A venda *ad corpus* refere-se à venda do objeto tal como está, independentemente de sua medida ou quantidade precisa. Nesse tipo de venda, a obrigação das partes está vinculada à descrição geral do objeto e ao estado em que ele se encontra no momento da celebração do contrato. Isso significa que o objeto deve corresponder à descrição dada no contrato, mas não é necessário medir ou mensurar o bem. Por outro lado, a venda *ad mensuram* envolve a medição ou determinação específica do objeto. Nesse caso, a obrigação das partes é mais rigorosa, pois o objeto deve ser medido de acordo com critérios preestabelecidos no contrato. A descrição do objeto é mais precisa e vinculativa, e qualquer desvio em relação às medidas especificadas pode levar a uma violação do contrato. Em resumo, na venda *ad corpus*, o objeto é vendido como

está e, na venda *ad mensuram*, a medição específica é parte integrante da obrigação contratual.

Questões para reflexão

1. Os elementos essenciais de um contrato de compra e venda são o objeto lícito e possível, a causa determinada e o consentimento válido. O objeto refere-se ao bem ou serviço que está sendo negociado e deve ser lícito (não envolvendo atividades ilegais) e possível de ser entregue ou realizado. A causa é a finalidade da transação e deve ser clara, legítima e ética. O consentimento implica que ambas as partes devem compreender os termos do contrato e concordar voluntariamente com eles. A ausência de qualquer um desses elementos pode levar à invalidade do contrato.

2. Nos contratos de compra e venda, a regra geral é que os riscos da coisa são transferidos do vendedor para o comprador no momento da tradição, que é a entrega efetiva do bem. No entanto, em algumas situações específicas, como nas vendas sob condição suspensiva, os riscos podem permanecer com o vendedor até a satisfação da condição. Isso significa que, se a condição não for cumprida, o vendedor ainda será responsável pelos riscos da coisa até que a condição seja satisfeita e a propriedade seja transferida para o comprador.

3. Na compra e venda entre ascendentes (por exemplo, pais) e descendentes (por exemplo, filhos), é importante observar as regras específicas estabelecidas pela lei. Em algumas situações, pode ser necessária a autorização judicial, como no caso em que o bem a ser vendido é um imóvel que constitui o único meio de subsistência do vendedor e seus dependentes. A autorização judicial visa proteger os interesses dos descendentes e evitar possíveis abusos ou fraudes.

4. A venda *ad corpus* refere-se à venda do objeto tal como está, independentemente de sua medida ou quantidade precisa. Nesse tipo de venda, a descrição do objeto é mais genérica, e a obrigação das partes está vinculada ao estado em que o objeto se encontra no momento da celebração do contrato. Por outro lado, na venda *ad mensuram*, a medição ou determinação específica do objeto é parte integrante da

obrigação contratual, e a descrição é mais precisa. Na venda *ad corpus*, o objeto deve corresponder à descrição geral dada no contrato e, na venda *ad mensuram*, a medição correta do objeto é fundamental para a validade do contrato.

# Capítulo 8

Questões para revisão

1. b
2. d
3. b
4. A doação é um contrato pelo qual uma pessoa, chamada *doador*, transfere gratuitamente um bem ou direito de seu patrimônio para outra pessoa, chamada *donatário*, que aceita essa transferência. Suas características essenciais incluem a gratuidade, a voluntariedade das partes, a imediatidade, a irretratabilidade e a transferência do domínio. No Brasil, a doação de ascendente para descendente é permitida, desde que respeite a legítima dos demais herdeiros necessários, como previsto no art. 1.814 do Código Civil.
5. A revogação da doação por ingratidão é um instrumento legal que permite ao doador revogar a doação feita ao donatário em casos de ingratidão grave. Para que a revogação seja aplicada, é necessário que o donatário tenha praticado atos graves de injúria, calúnia, difamação, crime doloso contra a vida ou lesões graves contra o doador ou seus parentes mais próximos. As consequências da revogação incluem a perda dos bens doados, que retornam ao doador, e a anulação de todos os benefícios concedidos ao donatário por meio da doação.

Questões para reflexão

1. A doação inoficiosa, também conhecida como *colação*, refere-se à doação feita por um ascendente aos seus descendentes que, se excessiva em relação à legítima dos herdeiros necessários, pode ser reduzida judicialmente. Sua importância reside no princípio da igualdade na sucessão, garantindo que todos os herdeiros necessários recebam sua parte

legítima. Um exemplo de situação em que a doação inoficiosa pode ser alegada é quando um pai faz uma doação substancial a um dos filhos, deixando os outros em desvantagem na sucessão.

2. A promessa de doação é um compromisso formal de doar um bem ou direito em um momento futuro. Suas características incluem a voluntariedade, a imutabilidade das condições e a irretratabilidade. Para que seja válida, deve ser feita por escrito e conter os elementos essenciais do contrato de doação. Se uma promessa de doação não for cumprida pelas partes envolvidas, o donatário prejudicado poderá buscar a execução específica do contrato ou a indenização por perdas e danos.

3. A doação universal é aquela em que o doador transfere todos os seus bens presentes, sem exceção, para o donatário. Já a doação de todos os bens do doador envolve a transferência de todos os bens presentes, com exceção das reservas legais, como a legítima. As implicações legais incluem a necessidade de respeitar a legítima dos herdeiros necessários e o direito de disposição do doador. Para efetuar a doação de todos os bens, o doador deve ser capaz e livre de vícios de consentimento.

4. As espécies de doação previstas no Código Civil brasileiro incluem a doação pura e simples, a doação com encargo, a doação remuneratória e a doação modal. A doação pura e simples é aquela em que não há condições ou encargos. A doação com encargo envolve a imposição de obrigações ao donatário, como a destinação de um bem a uma finalidade específica. A doação remuneratória é aquela em que o doador concede um benefício ao donatário em troca de serviços ou méritos passados. A doação modal é caracterizada pela imposição de condições que limitam o uso do bem doado. Exemplos práticos podem incluir a doação de uma casa com a condição de que o donatário cuide de um idoso ou a doação de dinheiro como recompensa por serviços prestados.

5. Uma doação entre concubinos, ou seja, entre pessoas que vivem em união estável sem o casamento formalizado, pode gerar controvérsias legais. Em alguns casos, pode ser reconhecida como válida, desde que preenchidos os requisitos legais. No entanto, em outros casos, a doação entre concubinos pode ser considerada nula se for alegado vício de

consentimento ou falta de capacidade das partes. As implicações legais incluem a possibilidade de revogação da doação em caso de ingratidão ou outras circunstâncias específicas. O reconhecimento ou a negação desse tipo de doação pode afetar significativamente os direitos das partes envolvidas, incluindo questões de propriedade e patrimônio.

## Capítulo 9

Questões para revisão

1. c

2. c

3. b

4. Os elementos essenciais de um contrato de locação de bens imóveis são a identificação das partes envolvidas, a descrição clara e precisa da coisa ou do bem objeto da locação, a definição do valor ou preço do aluguel, o consentimento mútuo das partes para a celebração do contrato e a determinação do tempo da locação.

5. As principais garantias locatícias incluem o fiador, a caução, o seguro fiança e a cessão fiduciária de quotas de fundo de investimento. O fiador assume a responsabilidade pelo pagamento do aluguel e encargos em caso de inadimplência do locatário. A caução é um depósito feito pelo locatário como garantia, que pode ser usado para cobrir eventuais pendências no contrato. O seguro fiança é um seguro que garante o pagamento do aluguel em caso de inadimplência. A cessão fiduciária de quotas de fundo de investimento envolve a transferência de cotas de um fundo como garantia.

Questões para reflexão

1. O contrato de locação de bem imóvel é um acordo no qual uma das partes, denominada *locador*, cede temporariamente o uso e gozo de um imóvel a outra parte, chamada *locatário*, em troca de um pagamento. Suas principais características são a consensualidade, a onerosidade, a comutatividade, a transitoriedade, a pessoalidade e a não revogabilidade.

2. São elementos essenciais da locação de bens imóveis: partes capazes, objeto lícito e possível, forma prescrita ou não defesa em lei e preço determinado ou determinável. As partes devem ser capazes de contratar, o objeto deve ser lícito e possível de ser locado, a forma deve seguir as normas legais, e o preço deve ser claro ou passível de determinação.

3. A locação por prazo determinado é aquela em que as partes estabelecem um período específico para o contrato, com datas de início e término definidas. Já a locação por prazo indeterminado não tem um prazo específico estipulado no contrato e pode ser rescindida a qualquer momento, mediante aviso prévio.

4. O direito à indenização por benfeitorias ocorre quando o locatário realiza melhorias no imóvel que agregam valor a ele. Para ter direito à indenização, as benfeitorias devem ser autorizadas pelo locador ou necessárias para a conservação do imóvel. O locatário tem direito à indenização ao término do contrato, mediante comprovação dos gastos e valorização do imóvel.

# Capítulo 10

Questões para revisão
1. c
2. d
3. c
4. O contrato de prestação de serviços envolve uma das partes, o prestador, que realiza uma atividade em benefício da outra parte, o tomador, mediante remuneração. Essa relação é aplicável a qualquer tipo de atividade lícita, manual ou intelectual. No entanto, uma das principais diferenças entre o contrato de prestação de serviços e o contrato de empreitada é a subordinação. Enquanto no contrato de prestação de serviços o prestador age por conta e risco do tomador, no contrato de empreitada uma das partes se obriga a realizar uma obra com seu trabalho, frequentemente fornecendo também os materiais necessários. No contrato de empreitada, o empreiteiro atua de forma independente

e assume os riscos inerentes à sua atividade. Portanto, a principal distinção está na subordinação e na natureza da atividade, sendo a prestação de serviços mais subordinada e relacionada a uma atividade para o empregador, enquanto a empreitada envolve uma obra específica.

5. O contrato de prestação de serviços é considerado personalíssimo de acordo com o Código Civil. Isso significa que nem aquele a quem os serviços são prestados pode transferir o direito aos serviços ajustados, nem o prestador de serviços pode dar um substituto para realizar os serviços sem o consentimento da outra parte. Essa característica torna o contrato mais vinculado à identidade das partes envolvidas. O Código Civil, no art. 605, estabelece essa personalidade do contrato de prestação de serviços e a necessidade de consentimento mútuo para qualquer transferência ou substituição das partes envolvidas no contrato. Portanto, essa especificidade do contrato de prestação de serviços está ligada à sua natureza personalíssima e à necessidade de acordo entre as partes para qualquer modificação das obrigações contratuais.

Questões para reflexão

1. O Código Civil estabelece que a prestação de serviço não pode ser convencionada por mais de quatro anos, a menos que o contrato tenha como causa o pagamento de uma dívida ou a execução de uma obra específica. Nesse caso, mesmo que a obra não esteja concluída, o contrato será encerrado após quatro anos. Além disso, as partes têm a flexibilidade de estabelecer um contrato por prazo indeterminado, que pode ser resilido mediante notificação ou aviso prévio. As contagens do tempo da prestação do serviço e do aviso prévio são consideradas riscos assumidos pelo prestador e podem variar de acordo com o período de pagamento (mensal, semanal, quinzenal ou diário). Portanto, o Código Civil permite certa flexibilidade na determinação do prazo do contrato de prestação de serviços.

2. Se o serviço for prestado por alguém que não tenha a habilitação necessária ou não satisfaça os requisitos estabelecidos em lei para a atividade contratada, o prestador não poderá cobrar a retribuição normalmente correspondente ao trabalho executado. No entanto, se da prestação

desse serviço resultar benefício para a outra parte e o prestador agir de boa-fé, o juiz poderá atribuir a ele uma compensação razoável. É importante notar que essa compensação não se aplica quando a proibição da prestação de serviço resulta de lei de ordem pública. Portanto, o juiz pode avaliar a situação, considerando se houve benefício para a outra parte e se o prestador agiu de boa-fé ao aceitar o contrato.

3. O Código Civil prevê várias hipóteses de extinção do contrato de prestação de serviços no art. 607. Essas hipóteses incluem: morte de qualquer das partes; escoamento do prazo estabelecido no contrato; conclusão da obra ou término da atividade contratada; rescisão do contrato mediante aviso prévio; inadimplemento de qualquer das partes; impossibilidade da continuação do contrato em virtude de força maior.

4. A obrigação de meio em um contrato de prestação de serviços significa que o prestador se compromete a empregar seus esforços, habilidades e conhecimentos para realizar a atividade acordada em benefício do tomador, mas não garante um resultado específico. O prestador se compromete a agir com diligência e cuidado na execução do serviço, mas não pode garantir que o resultado desejado será alcançado. Por outro lado, a obrigação de resultado implica que o prestador se compromete a entregar um resultado específico e definitivo ao tomador, independentemente dos meios ou esforços necessários. A diferença fundamental entre as duas está na garantia do resultado. Na obrigação de meio, o prestador se esforça para alcançar o resultado desejado, mas não há garantia de sucesso; já na obrigação de resultado, o prestador assume a responsabilidade pelo resultado final, independentemente das circunstâncias.

5. O Código Civil trata da responsabilidade do prestador de serviços em relação à obra e à rescisão do contrato nos arts. 602 e 603. De acordo com o art. 602, se o prestador de serviços foi contratado por tempo certo ou para uma obra determinada, ele não poderá ausentar-se ou ser despedido sem justa causa antes de preenchido o tempo ou concluída a obra. Caso o prestador se ausente sem justa causa, ele terá direito à retribuição vencida até então, mas também será responsável por perdas e danos. Se o prestador de serviços for despedido sem justa causa,

a outra parte será obrigada a pagar-lhe integralmente a retribuição vencida até o momento do despedimento e metade da que lhe caberia até o termo legal do contrato, conforme estabelecido no art. 603. Portanto, o Código Civil estabelece consequências legais quando o prestador de serviços não cumpre o contrato ou é despedido sem justa causa antes do prazo acordado ou da conclusão da obra, visando proteger os interesses das partes envolvidas.

## Capítulo 11

Questões para revisão

1. b
2. c
3. a
4. O contrato de comodato é um negócio jurídico unilateral e gratuito pelo qual uma das partes (comodante) transfere a posse de um bem, móvel ou imóvel, para outra parte (comodatário), com a obrigação de restituição. Suas características incluem ser um contrato real, unilateral e gratuito ou benéfico. O comodatário tem a obrigação de conservar a coisa emprestada, usá-la de acordo com o contrato ou sua natureza e restituí-la ao comodante. Em caso de avaria ou uso indevido, o comodatário pode ser responsabilizado por perdas e danos.
5. O contrato de mútuo é um negócio jurídico unilateral em que o mutuante transfere a propriedade de um objeto móvel fungível ao mutuário, que se obriga a devolver uma quantidade equivalente do mesmo gênero, qualidade e quantidade. Suas características incluem ser um contrato real e unilateral. O mútuo pode ser gratuito, quando não há pagamento de juros, ou oneroso, quando envolve o pagamento de juros ao mutuante. A principal diferença entre os dois está na presença ou ausência de pagamento de juros pelo mutuário ao mutuante no mútuo oneroso.

Questões para reflexão

1. Um contrato de mútuo gratuito é aquele em que não há pagamento de juros pelo mutuário ao mutuante, enquanto um contrato de mútuo

oneroso envolve o pagamento de juros. No mútuo gratuito, o mutuário é obrigado a devolver a mesma quantidade e qualidade do objeto emprestado, mas sem pagar juros. No mútuo oneroso, além de devolver a mesma quantidade e qualidade, o mutuário deve pagar juros sobre o valor emprestado ao mutuante. As implicações legais incluem o fato de que o mútuo gratuito não gera remuneração para o mutuante, enquanto o mútuo oneroso gera um benefício financeiro para o mutuante em razão dos juros.

2. O contrato de comodato difere do contrato de locação principalmente quanto à transferência da posse e à gratuidade. No comodato, o comodante transfere a posse da coisa para o comodatário, com a obrigação de restituição, e o contrato é geralmente gratuito. Na locação, o locador transfere apenas o uso da coisa e recebe um pagamento (aluguel) em troca. Essa diferença afeta os direitos e as obrigações das partes, pois no comodato o comodatário tem a obrigação de conservar a coisa emprestada e usá-la de acordo com o contrato ou sua natureza, sem pagamento de aluguel, enquanto na locação o locatário paga pelo uso da coisa, mas não tem a mesma obrigação de conservação.

3. A capitalização de juros em um contrato de mútuo refere-se à prática de adicionar juros ao saldo principal do empréstimo em determinados intervalos de tempo, geralmente mensalmente ou anualmente. No Brasil, a capitalização de juros é permitida desde que haja previsão expressa no contrato e a taxa de juros não exceda a taxa anual estabelecida pelo Banco Central. As implicações legais da capitalização de juros incluem o aumento do montante total a ser pago pelo mutuário ao longo do tempo, o que pode tornar o contrato mais oneroso para o mutuário.

4. No contrato de comodato, o comodatário tem o direito de usar a coisa emprestada de acordo com o contrato ou a natureza dela, mas sua principal obrigação é a restituição da coisa ao comodante. O comodatário também deve conservar a coisa como se fosse sua própria. A posse precária significa que o comodatário detém a posse da coisa sem ânimo de dono, ou seja, sem a intenção de se tornar proprietário. Isso impede a prescrição aquisitiva (usucapião), pois o comodatário não pode adquirir

a propriedade da coisa mediante o uso prolongado, a menos que haja uma mudança na posse, como a negativa de restituição após a notificação do comodante.

5. Tanto o contrato de mútuo quanto o contrato de comodato envolvem a transferência temporária de um objeto entre as partes. No entanto, as principais diferenças incluem:

> » Mútuo: envolve a transferência de propriedade de um objeto móvel fungível, com a obrigação de devolução de outra coisa do mesmo gênero, qualidade e quantidade. Pode ser gratuito (sem juros) ou oneroso (com juros).

> » Comodato: envolve a transferência da posse de um bem móvel ou imóvel, com a obrigação de restituição da mesma coisa. Geralmente é gratuito, baseado na confiança entre as partes.

Ambos são contratos unilaterais, mas o mútuo pode ser gratuito ou oneroso, enquanto o comodato normalmente é gratuito. Além disso, o mútuo transfere a propriedade temporária, enquanto o comodato transfere apenas a posse temporária da coisa.

**Andreza Cristina Baggio** é doutora (2010) e mestre (2006) em Direito Econômico e Socioambiental pela Pontifícia Universidade Católica do Paraná (PUCPR), especialista em Gestão de Direito Empresarial (2003) pela FAE Centro Universitário e em Direito Processual Civil (1999) pelo Instituto Brasileiro de Estudos Jurídicos (IBEJ), e bacharel em Direito (1998) pela PUCPR. Atua como professora no mestrado em Direito, na área de concentração "Poder, Estado e Jurisdição – Linha de Pesquisa Jurisdição e Processo na Contemporaneidade", no curso de especialização em Direito Processual Civil em educação a distância (EAD) e na disciplina de Direito Processual no curso de Direito do Centro Universitário Internacional Uninter, bem como é líder do grupo de pesquisa "Processo e Efetividade da Tutela Jurisdicional" e membro do Conselho de Pesquisa do Centro Universitário Internacional Uninter. Também atua como professora do curso de especialização em Direito do Consumidor da PUCPR. É assessora jurídica no Tribunal de Justiça do Estado do Paraná (TJPR). Suas principais áreas de pesquisa são: direitos fundamentais, sociedade de consumo e sustentabilidade, direito dos consumidores, acesso à justiça, processo e jurisdição na sociedade massificada e novo Código de Processo Civil.

Impressão:
Maio/2024